伝統色で楽しむ日本のくらし

～京都老舗絵具店・上羽絵惣の色名帖～

マイナビ

はじめに

伝統色とは、それぞれの国独自の色彩感覚をもって生まれた色のことをいいます。

日本にはありがたいことに四季があり、その季節感の中で表現される自然の色たちは、本当に多彩で繊細な移ろいを演じています。そして先人たちは、この色の妙を受け取ることができる感性をもっていたのだと感じます。

美しい彩りを側に置いておきたい、表現したい――天然のものしかない時代の先人たちは、染料や顔料になりうるものを見つけると、色として表現する方法をつくり出し、生活に彩りを灯してきました。

そして伝えられてきた色たちにはそれぞれに意味があり、その役割を果たしてきました。

化学合成で色をつくることのできる現在では、色がもつ意味はなかなか理解しがたいかもしれません。しかし、色のルーツや先人の感性を知っていただくことで、私たちを取り巻く色たちが自然の中で生まれたこと、そして私たち人間が、もともとカレンダーや時計を必要としない自然の中で生かされていることに気づいていただくきっかけになるかもしれません。

私は260年以上続く日本画絵具店の十代目です。色を演出することのできる生業にて、今、新たにこのいにしえより愛されてきた色をご紹介いたします。そして、読者の皆さんが日本人に生まれてきたことを誇りに感じていただけること、さらにこれからの未来にも美しい色を見出しお伝えしていけることをいたく感謝しております。

今回、この本でご紹介する色たちは、日本の伝統色をはじめ、上羽絵惣で扱っている絵具（顔料）の色名、私が名づけたネイルの色名、そして未来の伝統色になりうるだろう色名を挙げております。

伝統色が生まれてきたように、未来の色とは、美しくあるもの＝感性を揺さぶるもの。ご自分の中に描く何ものであってもかまわないと私は思っております。色とは自己表現であって個性なのですから。

上羽絵惣十代目　石田結実

日本の伝統色を知る上で、知っておきたい色の材料のお話

色の基礎知識

日本の伝統色は、「染料」と「顔料」由来のものがあります。染料は布や紙を染めるために使われ、顔料は絵を描いたり、建築物の塗装や化粧品などに使われてきました。ここではその違いを紹介します。

◆染料と顔料の違い

	染料	顔料
用途	・布の染色 ・紙の染色など	・絵画 ・建築物 ・工芸品 ・化粧品 ・食品など
材料	植物、動物など	鉱物、半貴石など
水溶性	水に溶ける	水に溶けない
色のつき方	中まで染み込む	表面につく

染料と顔料は色のつき方にも違いがあり、染料は中まで色が染み込む一方、顔料はモノの表面のみ色がつきます。また、染料は水に溶け、顔料は水に溶けない性質があります。

染料

染料は、植物や動物から抽出した色素のこと。古くからある植物由来の染料としては、アカネ、アイ、ウコン、ベニバナ、ムラサキ（紫根）などがあります。動物由来の染料としてはカイガラムシという小さな虫から色素を抽出するコチニールが有名です。半永久的に色落ちしないように、生地の表面だけを染めるのではなく、果物や細かく砕いた木の実とともに糸を煮ることで、繊維そのものに色をつける手法や、金属の力を使って色素を定着させる方法などが開発されました。

顔料

顔料は、土、石、鉛丹《えんたん》や藍銅鉱《らんどうこう》(アズライト)、辰砂鉱《しんしゃこう》など、鉱物を砕いてつくられます。地表に露出していて入手しやすい色から時代の経過とともに多くの着色材料が生まれました。縄文・弥生時代にはすでに顔料による色彩が用いられています。中でも赤色の顔料は、「火の色」「血の色」として、古代より神社などの建築物、壁画などにも多く使われていた痕跡があります。また顔料は有機顔料と無機顔料にと分けることができ、耐光性は無機のほうが優れています。

【日本に伝わるおもな顔料】

朱《しゅ》

縄文・弥生時代から使われていたことが確認されている朱赤の顔料。辰《しん》砂《しゃ》という鉱物からつくられます。2世紀頃に使われた石杵や、朱を保存していた壺が現存しています。3世紀頃に書かれた『魏使倭人伝』には、当時の男性が「朱で体を塗って飾り立てている」という記述もあります。

胡粉《ごふん》

古くから使われていた白の顔料です。貝殻から採れる炭酸カルシウムが主成分。日本画や人形、建築物や看板などに用いられます。現代の化学的な合成顔料の白と違い、弾力、粘りがあります。厚みのある、立体的な仕上がりが特徴。色もふっくらとした温かみがあり、落ち着いた印象です。

岩絵具《いわえのぐ》

辰砂、孔雀石《くじゃくせき》、藍銅鉱、ラピスラズリなどさまざまな鉱石、半貴石を砕いてつくった顔料です。同じ色でも粉末の細かさによって濃さが違い、番手で分別されています。一般的には5〜13番の番手があり、数字が大きくなるほど細かく、粒子が光の乱反射をおこすため、色も白っぽくなります。

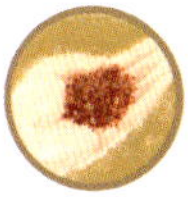

水干絵具《すいひえのぐ》

天然の土そのものや、胡粉、白土に染料を染めつけた顔料。かつては泥絵具ともいわれていました。粒子が細かいので伸びがよく、艶のないマットな質感が特徴。均一に塗りやすいので、岩絵具を塗る前の下塗りにも用いられます。表紙のイラストはこの絵具を使って描かれています。

目次

第3章 植物が由来の伝統色

◆木賊色　とくさいろ……70
◆葵緑　あおいみどり……71
◆苔色　こけいろ……71
◆海松色　みるいろ……72
◆草　くさ……73
◆猫柳　ねこやなぎ……73
◆柳　やなぎ……74
◆青朽葉　あおくちば……75
◆若葉　わかば……76
◆萌黄　もえぎ……77
◆若苗　わかなえ……77
◆常磐色　ときわいろ……78
◆青竹色　あおたけいろ……78
◆蓬　よもぎ……79
◆若竹色　わかたけいろ……79
◆亜麻色　あまいろ……80
◆早蕨　さわらび……80
◆藤黄　とうおう……81
◆黄朽葉　きくちば……82
◆梔子色　くちなしいろ……83
◆刈安　かりやす……83
◆檸檬　れもん……84
◆鬱金　うこん……85
◆橘（柑子）たちばな……86
◆土筆　つくし……87
◆橙　だいだい……88
◆団栗　どんぐり……89
◆栗梅　くりうめ……88
◆胡桃　くるみ……89
◆煤竹茶　すすたけちゃ……90
◆銀煤竹　ぎんすすたけ……90
◆小豆色　あずきいろ……91
◆橡色　つるばみいろ……92
◆香色（丁子色）こういろ……93
◆黄櫨染　こうろぜん……94
◆葡萄色　えびいろ……95
◆梅紫　うめむらさき……95
◆紫式部　むらさきしきぶ……96
◆紫蘇　しそ……97
◆浅葱　あさぎ……97

第4章 生き物が由来の伝統色

◆猩々緋　しょうじょうひ……110
◆鴇色　ときいろ……111
◆洋紅（唐紅マゼンタ）ようこう……111
◆珊瑚　さんご……112
◆暗鳶色　あんろびいろ……112
◆鳶　とび……113
◆海老茶　えびちゃ……114
◆駱駝色　らくだいろ……115
◆象牙　ぞうげ……116
◆白鼠　しろねず……117
◆鳩羽鼠　はとばねずみ……118
◆素鼠　すねずみ……119

金糸雀　かなりあ……120
鶸色　ひわいろ……121
山鳩色　やまばといろ……121
玉虫色　たまむしいろ……122
孔雀緑　くじゃくみどり……123
蜥蜴色　とかげいろ……124
黒鼠　くろねず……124

第5章 色の派生、絵具が由来の伝統色

朱　しゅ……126
古代朱　こだいしゅ……127
岩紅　いわべに……127
金茶　きんちゃ……128
岩樺　いわかば……128
黄紅　きべに……129
岩赤　いわあか……129
橙黄　だいだいき……130
赤黄　あかき……130
濃黄　こいき……131
黄緑　きろく……131
金泥雲母赤口　きんでいうんもあかくち……132
金黄土　きんおうど……133
朱土　しゅど……133
錆茶　さびちゃ……134
黒茶　くろちゃ……134
黄茶緑　きちゃろく……135
焦茶　こげちゃ……136
黄口黄茶緑　きぐちきちゃろく……136
白茶　しらちゃ……137
薄紅色　うすべにいろ……137
岩桃　いわもも……138
赤紫　あかむらさき……139
青紫　あおむらさき……139
藤紫　ふじむらさき……140
古代紫　こだいむらさき……141
岩藤　いわふじ……141
梅鼠　うめねずみ……142
藤納戸　ふじなんど……142
紫紺末　しこんまつ……143
紫金末　しきんまつ……143
黒群青　くろぐんじょう……144
青鈍　あおにび……144
別上本藍　べつじょうほんあい……145
群緑　ぐんろく……146
青灰末　あおはいまつ……146
岩白緑　いわびゃくろく……147
岩白群　いわびゃくぐん……147
藍白　あいじろ……148
岩白　いわしろ……149
松葉白緑　まつばびゃくろく……150
裏葉緑青　うらはろくしょう……151
蒼色　そうしょく……151
濃草　こいくさ……152
草緑　そうろく……152

濃緑 のうりょく …… 153
老緑 おいみどり …… 153
青草 あおくさ …… 154
青口若葉 あおくちわかば …… 154
鶸萌黄 ひわもえぎ …… 155
金泥雲母青口 きんでいうんもあおくち …… 156
黄草 きぐさ …… 156
青茶緑 あおちゃろく …… 157
純紫金末 じゅんしきんまつ …… 158
黄碧玉末 きへきぎょくまつ …… 158
赤金 あかきん …… 159
鉛丹 えんたん …… 159
黄白 きびゃく …… 160
銀鼠 ぎんねず …… 160
岩鼠 いわねずみ …… 161
本紫 ほんむらさき …… 162
若紫 わかむらさき …… 162

第6章 そのほか由来の伝統色

京緋色 きょうひいろ …… 170
鮭色 さけいろ …… 171
弁柄色 べんがらいろ …… 171
岱赭 たいしゃ …… 172
煉瓦色 れんがいろ …… 173
團十郎茶 だんじゅうろうちゃ …… 173
黄土 おうど …… 174
枯野 かれの …… 174
砥の粉 とのこ …… 175
曙色 あけぼのいろ …… 176
一斤染 いっこんぞめ …… 177
今様色 いまよういろ …… 178
臙脂 えんじ …… 179
黄金色 おうごんいろ …… 180
金 きん …… 181
承和色 そがいろ …… 181
玉子色 たまごいろ …… 182
銀 ぎん …… 183
白金 はっきん …… 183
鈍色 にびいろ …… 184
雲母 うんも …… 185
瑪瑙末 めのうまつ …… 185
氷色 こおりいろ …… 186
霞色 かすみいろ …… 187
利休白茶 りきゅうしらちゃ …… 187
瓶覗 かめのぞき …… 188
水色 みずいろ …… 189
空色（天色） そらいろ …… 189
新橋色 しんばしいろ …… 190
紺碧 こんぺき …… 191
納戸色 なんどいろ …… 192
掲色（褐色） かちいろ …… 193
媚茶 こびちゃ …… 194
根岸色 ねぎしいろ …… 195
千歳緑（柊） せんざいみどり …… 195
青磁色 せいじいろ …… 196
江戸紫 えどむらさき …… 197
半色 はしたいろ …… 197

上羽絵惣の現代京色

column

・「誕生した時代」は、日本で名前がついたと思われる時代を記載しています。
・「色の配合」は、印刷におけるC（シアン）、M（マゼンタ）、Y（イエロー）、K（ブラック）の4色分解した場合の一例を記載しました。

第１章

代表的な伝統色

私たちの住む日本で古くから伝わり、現在でも生活に彩を与えてくれる色。それが「日本の伝統色」です。そんな伝統色の中でもなじみの深い代表的な色を紹介していきます。

茜色

あかねいろ

色の配合

C	0	M	90
Y	70	K	30

誕生した時代 ― 先史
代表的なモノ ― 茜染
登場作品 ― 『万葉集』
顔料・染料 ― 染料

風景

朝日、夕日で照り映える茜色の雲のことを茜雲といいます。日本の原風景の一つです。

最も古く日本人の心にある色

茜色に我々が抱くのは、「茜空」のような情緒的でどこかノスタルジーをまとった印象でしょうか。薄暮に広がる赤い光は幾度と見ても感動的な美しさです。

「赤根（アカネ）」という植物を語源とする茜色は、藍色と並んで最も古い植物由来の染料です。邪馬台国の卑弥呼が魏の皇帝から茜染めの布を送られていたという記録も残っています。茜色がいかに古くから人々に根付いていていたかを表している証左と

赤系の色素をもつアカネの根から茜色はつくられます。

絵画

茜色の富士山を描いた葛飾北斎の代表作『富嶽三十六景（ふがくさんじゅうろっけい）』の『凱風快晴』。
（山口県立萩美術館・浦上記念館所蔵）

生物

いえるでしょう。

アカネはつる性の植物で、根にはアリザリンという赤系の色素があり、この根を乾燥して煮出したものが染料になります。日本原産のアカネは日本アカネと呼ばれ、かつては本州から九州にかけて広く自生していました。江戸時代には埼玉・川越産のアカネが上質とされ、将軍家の御用達になっていました。インドやヨーロッパにも原産種のアカネがありますが、日本アカネで染めた茜色は、一般的に外国原産のアカネよりも黄色みを帯びるといいます。

童謡のタイトルにもなっている赤とんぼ。アカネ属に分類される種を指します。

文学

あかねさす 光は空に くもらぬを
なごてみゆきに 目をきらしけむ

『源氏物語』 紫式部

訳

日がさし、空は曇ってもいないのに、どうして天皇がお出かけするのに目を曇らせたのでしょう。

桃色

ももいろ

色の配合

C	0	M	40
Y	10	K	0

- 誕生した時代 —— 室町時代
- 名前の由来 —— 桃の花の色
- 登場作品 —— 『春泥集』（与謝野晶子）
- 顔料・染料 —— 染料

淡い感情を抱く優しい色

春に咲く桃の花の色です。ほんわかとしていて淡い印象の桃色は、女性らしさや若さを感じさせる色といえるでしょう。

桃は中国原産の植物で、紀元前の時代から育てられてきました。中国では桃の花が咲き乱れる理想郷を「桃源郷」といい、桃が古代でも人々を魅了していたことがわかります。

もちろん桃は日本でも古くから愛でられてきました。平安時代には、桃の花を愛で

名所

山梨県笛吹市の「桃源郷春まつり」では、4月上旬から中旬にかけて満開の桃の花を見ることができます。

七十二候では、桃の花が咲き始める時期を「桃始笑（ももはじめてさく）」といいます。

絵画

新しい花鳥画を生みだした明治生まれの日本画家・上村松篁の『春輝』(松伯美術館所蔵)

ながら曲がりくねった小川のある庭園で川に盃を流し、自分の前を通り過ぎるまでに歌を一首詠むという「曲水の宴」が催され、淡い桃の花を気持ちの例えとして詠んだそうです。現代でも、桃の名産地で知られる山梨県の峡東《きょうとう》地域は桃源郷と呼ばれ、花が咲く4月のシーズン中は、桃色の絨毯《じゅうたん》のような見事な景色を見ることができます。

また、桃には邪気を祓い、不老長寿の力を与えると伝えられています。中国では祝いの席になると桃の形をした饅頭を食べ、日本でも我が子の成長を願って桃の節句を行います。桃は我々の伝統のさまざまなところに結びついているのです。

淡い赤色に桃色という名がつけられたのは室町時代に入ってからのこと。桃色は桃の花から染めたのではなく、紅花や蘇芳を用いて桃の花の色を再現したものです。

動物

オーストラリア原産の桃色インコ。日本には古くから輸入されていました。

桃色をした珊瑚で、四国、九州、小笠原などの深海底の岩礁に生息しています。

丹色

にいろ

色の配合

C	0	M	68
Y	80	K	20

- 誕生した時代――先史
- 代表的な動物――丹頂鶴
- おもな用途――土器、装飾品の塗料
- 顔料・染料――顔料

魔除けに通じる赤のパワー

「丹色」は赤土色のことをいい、朱色と並ぶ赤の代表的な伝統色です。広島の厳島神社や京都の平安神宮の社殿のほか、各地の神社に立つ鳥居のように丹色や朱色の神社建築のことを「丹塗り」といいます。古代から丹色をまとった建物には人を惹きつける力があり、心の拠りどころとなりました。

　丹色の顔料になるのは、四酸化三鉛を主成分とした鉛丹《えんたん》という鉱物です。別名・光《こう》明丹《みょうたん》とも呼ばれる鉛丹は、朱色に比べると

動物

頭の赤い部分の色が丹色に近いことから、丹頂鶴と呼ばれています。

神社に建つ鳥居も丹色で塗られたものが多くあります。

絵画

江戸時代に描かれた鳥居清倍の『市川団十郎の竹抜き五郎』で丹色が使われています。（東京国立博物館所蔵／Image: TNM Image Archives）

植物

奈良時代に中国から伝わったとされるケイトウ。代表的な丹色の花です。

オレンジ寄りの色をしています。天然の鉛丹はとても珍しく、合成顔料が製造される時代になるまではおもに神社などの尊ばれる場所だけに使われていました。赤は魔除けや厄除けに通じる色ですが、それに加えて鉛丹が塗られた背景には、鉛丹の金属成分で木造建築の腐食を防ぐ効果もあったのです。東大寺の正倉院の宝物の中にも鉛丹を顔料に使ったものが70点近く保管されています。ちなみに、天然の鉛丹には毒性が含まれており、現在の建築に使われる丹色の塗料には健康に害のない原料が使われています。

風景

土が赤いのは酸化銅を含んでいるのが理由とされています。

原料

これが現在、丹色をつくるために使う原料です。

藍《あい》

色の配合

C	92	M	49
Y	22	K	0

- 誕生した時代 — 大和時代
- 名前の由来 — 藍草を原料とするため
- 代表的なモノ — 藍染
- 顔料・染料 — 染料

大和時代に伝来した青

藍の栽培は紀元前3000年頃のインドで始まり、そこから世界へ広まったため、英語では「インディゴ」と呼ばれています。現代の我々にとって身近なジーンズでいう「インディゴブルー」も藍染に由来しています。

濃い藍色は、落ち着いていながらもお洒落で洗練された雰囲気を醸し出します。1890（明治23）年に来日したイギリス人作家、小泉八雲ことラフカディオ・

原料

この藍から鮮やかなブルーが誕生するのです。

藍色はジャパンブルーとも呼ばれます。藍染の浴衣も素敵ですね！

絵画

波を藍色で表現した葛飾北斎の『富嶽三十六景神奈川沖浪裏』。（山口県立萩美術館浦上記念館所蔵）

ハーンは、著書『東洋の土を踏んだ日』で、「小さな家々の屋根は青く、店には青い暖簾がかけられ、皆青い着物を着ている。濃い青に白く染め抜かれたそのデザインで、粗末な家や衣装が華やかに見える」と、藍色に染まる日本の風景の美しさに魅せられたことを語っています。

藍染は庶民だけでなく、貴族にも愛されました。貴族の藍と庶民の藍の違いは、前者は上質の藍を薄く澄んだ色合いで染めるのに対し、後者は濃くしっかりと、持ちがよくなるよう染める点です。

また、日本人の肌色と藍色の相性が抜群なのは、補色関係があるからです。

服

現代人が最も目にする機会が多い藍はジーンズでしょう。

ことわざ

青は藍より出て藍より青し

藍草で染めた布は藍草よりも鮮やかな青色になります。そこから、弟子が師匠を超える意味のことわざです。

緑青

ろくしょう

色の配合

C	62	M	23
Y	55	K	0

- 誕生した時代 ― 先史
- 好んだ人物 ― クレオパトラ
- 代表的なモノ ― 鎌倉の大仏
- 顔料・染料 ― 顔料

孔雀石で生まれる天然唯一の緑

緑青は炭酸銅と水酸化銅からなる古典的な緑色。緑色の顔料としてとりわけ古く、飛鳥時代に中国から日本に伝わったといわれています。絵画においては、自然界の草木を描くに欠かせない絵具といえます。また銅に付着する緑色のサビも緑青の一種です。

天然の緑青は孔雀石（マラカイト）という鉱物を粉状に砕いたもので、「岩緑青《いわろくしょう》」、「松葉緑青《まつばろくしょう》」などと呼ばれます。塩田力蔵の『東洋絵具考』によると、孔雀石は秋

風景

エキゾチックな風情の横浜税関のシンボルマーク・クイーンの塔。頭のドーム部分は緑青色です。

有名な鎌倉の大仏の色も緑青です。ちなみに、その高さ13メートルになります。

絵画

東山魁夷によって1972年に描かれた白い馬シリーズの一つ、『緑響く』。（長野県信濃美術館東山魁夷館所蔵）

田・大仙市の荒川鉱山や福井・大野市の中竜鉱山などで多く産出されたそうです。

岩緑青は粒子の細かさによって緑色の濃度が変化します。最も粒子が粗くて色の濃いものを「石緑《せきりょく》」といい、粒子が細かくて色の薄いものを「白緑《びゃくりょく》」といいます。もっとも、同じ名前でも色が微妙に異なることがあるのは緑青だけに限ったことではなく、天然物を原料としていた昔ながらの色には多かれ少なかれあることです。

緑青は地中海世界にも広がり、クレオパトラをはじめ、古代エジプトの女性たちのアイシャドウにも使われていたといいます。

原料

マラカイトとも呼ばれる緑青の原料となる孔雀石。日本では秋田県の荒川鉱山で採掘されたそうです。

文学

したためぐみたるわか葉の緑青色なるが、ときどきみえたるに

『右京大夫集』

解説

鎌倉時代初期に成立した私家集、『右京大夫集』では、若葉の色を緑青と表現しています。

群青《ぐんじょう》

色の配合

C	98	M	88
Y	17	K	0

- 誕生した時代 ── 先史〜奈良時代
- 名前の由来 ── 青の群れ
- おもな用途 ── 画材
- 顔料・染料 ── 顔料

自然

群青は英語でウルトラマリンといいます。その色は地球の色ともいわれています。

とても高価な絵具だった

読んで字のごとく、「群青」は青の群れという意味で、もとは中国から伝わった色。群青は現代でも日本画の青における主要な顔料です。天然顔料の原料は藍銅鉱（アズライト）という鉱物で、緑青の原料となる孔雀石（マラカイト）と同じ鉱床から採取されていることから2種類が複雑に混じっていることもよくあります。かつては日本でも採取されましたが、昭和期にはほとんど採れなくなりました。

ペルシャ語の青色がその名の起源とされるアズライトは、パワーストーンとしても知られます。

絵画

貴重な群青が使われた尾形光琳の描いた国宝『燕子花図屏風』。（根津美術館所蔵）

青系顔料はとても貴重なため、重要な仏像や曼荼羅など、ごく選ばれた仏教美術にしか使われませんでした。なかでも有名な群青を使った作品では琳派の代表画家・尾形光琳が残した国宝『燕子花図《かきつばたず》屏風』（根津美術館蔵）があります。この作品は、金箔を張り巡らせた上に濃淡の群青で燕子花の花を、緑青でその葉を描いています。いきいきと連なる燕子花をたった2色だけで描いた屏風図です。金に映えた群青の鮮烈な印象が伝わってきます。

原料

群青色の原料になる藍銅鉱（アズライト）。銅山から多く採掘されました。

文学

丁度十月も末の事で、菊日和の
暖かさが続く、空は群青色に澄み渡るなかへ

『綿木』　柳川春菜

解説

柳川春菜の『綿木』に、群青色が登場します。菊日和とは、秋の好天気のこと。群青色に澄み渡る空も「秋晴れ」を表していますから、それは気持ちのいい日だったのでしょう。

山吹

やまぶき

色の配合

C	0	M	35
Y	100	K	0

- 誕生した時代 ― 平安時代
- 名前の由来 ― 山吹の花の色
- 登場作品 ― 『多武峰少将物語《とうのみねしょうしょうものがたり》』
- 顔料・染料 ― 染料

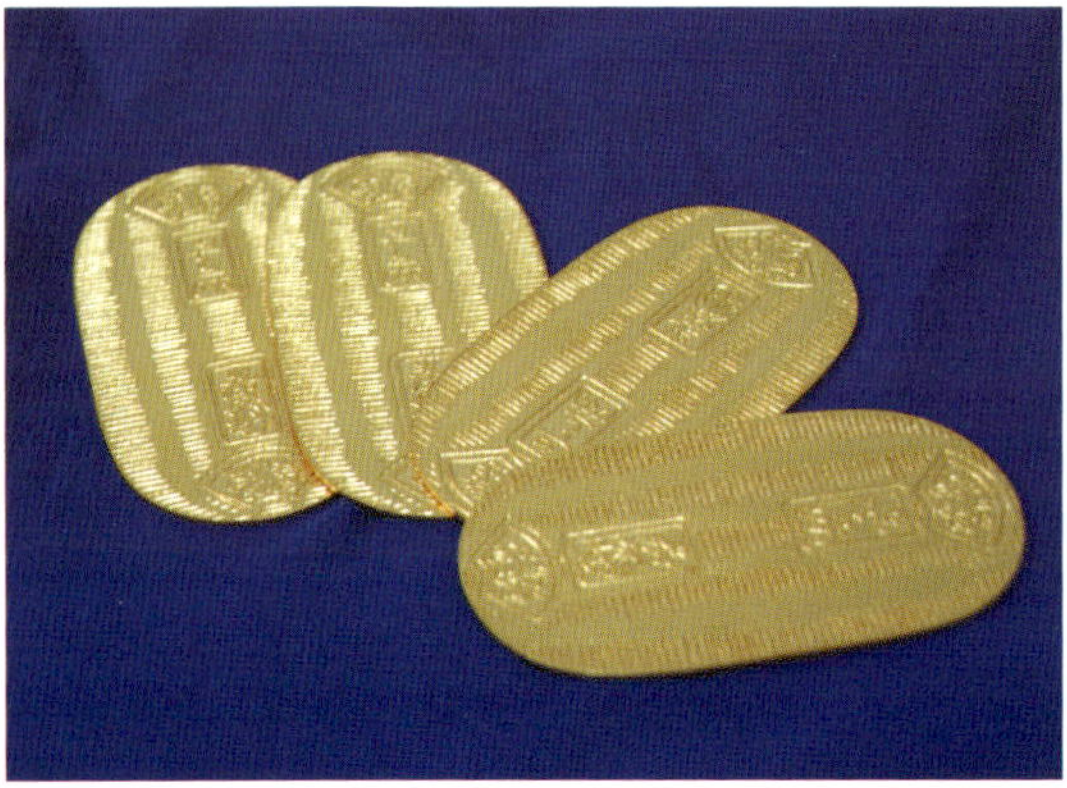

色が似ていることから小判や大判を山吹といいます。

黄系伝統色の代表格

若草色の茎と花のコントラストがとても美しい山吹。おもに山地に生育し、山下ろしの風で枝を揺らすことから「山振《やまぶり》」というのが古い名前。山吹色はこの花を見立てた色のことで、伝統色の中でも数少ない黄系を代表する色です。平安時代から親しまれてきた色で、伝統的な染料には梔子《くちなし》や鬱金《うこん》のほか、黄蘗《おうばく》の樹皮などが使われていました。

山吹は『万葉集』をはじめとする数々の

春に咲く山吹の花。
春の季語でもあります。

絵画

山吹と蛙が描かれた、江戸時代に活躍した歌川広重の『山吹蛙』。（TNM Image Archives）

古典や文学の中にも登場しています。また、俳句では晩春の季語として、葉山吹、恋山吹、八重山吹、白山吹などの言葉があり、松尾芭蕉や正岡子規が句の中に詠んでいます。

江戸城を築いた武将・太田道灌の逸話に「山吹の里伝説」があります。その地は現在の東京・高田馬場の近辺と伝わり、新宿区には今も「山吹町」という地名が残っています。また、道灌ゆかりの京都・松尾大社は3千株が咲く山吹の名所として有名です。

風景

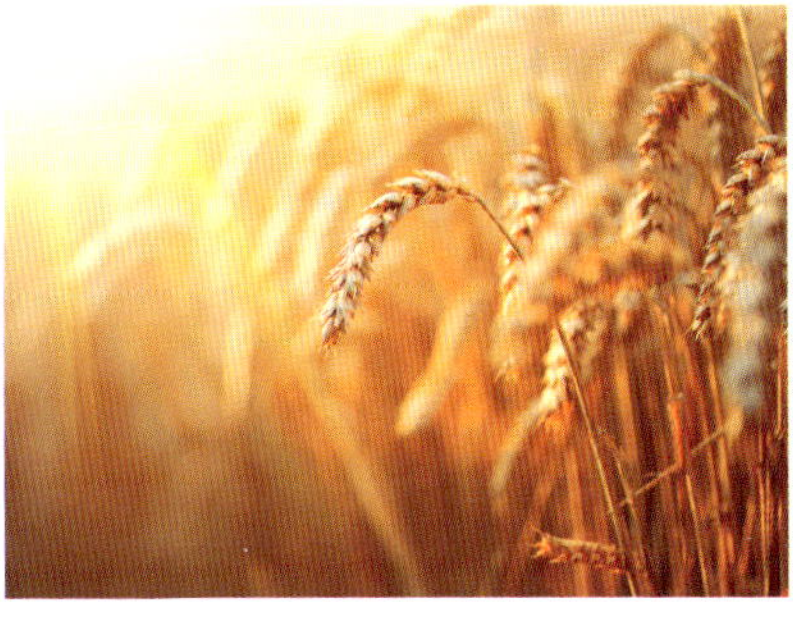

秋の稲穂の色も山吹の色をイメージさせますね。

文学

山ふきいろのうちき一重ね

『多武峰少将物語』

解説

平安時代に書かれたとされる『多武峰少将物語』に身分の高い女性が着ていたうちきの色が山吹色だったという描写があります。

紫

むらさき

色の配合

C	71	M	95
Y	0	K	0

- 誕生した時代 —— 先史〜大和時代
- 名前の由来 —— 花が群れて咲く美しさ
- 登場作品 —— 『万葉集』
- 顔料・染料 —— 染料

風景

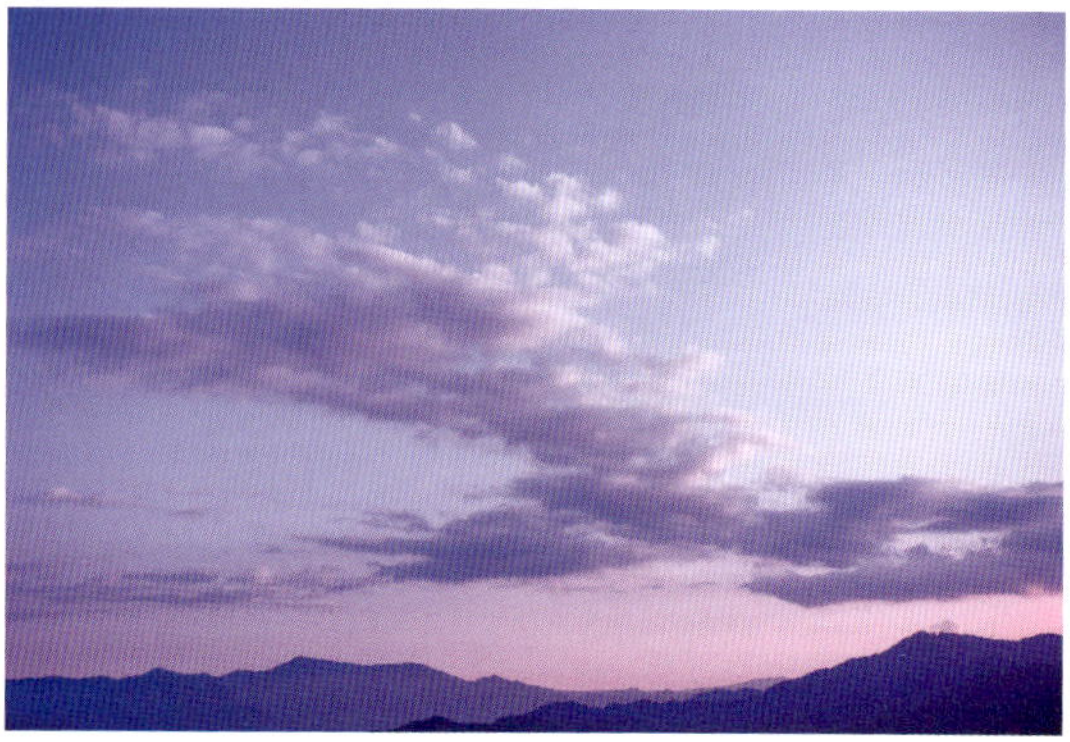

赤くくすんだ紫色の雲は、念仏行者が臨終のとき、仏様が乗って来迎するといわれてきました。

崇高な色として置かれた紫

大和時代の推古11（603）年、聖徳太子によって日本初の位階制度「冠位十二階」が制定されました。日本史の序盤に登場するこの制度では、朝廷に仕える臣下を12の階級に分けて、各階級ごとに異なる冠の色を与えました。そして、このヒエラルキーの最上段である「大徳」の位に与えられたのが紫色の冠だったのです。

古代に紫色が尊ばれたのは、その染料の抽出に大変な手間暇がかかったため。日本

高貴な色である紫。自然界にも紫色の花がたくさんあります。

食物

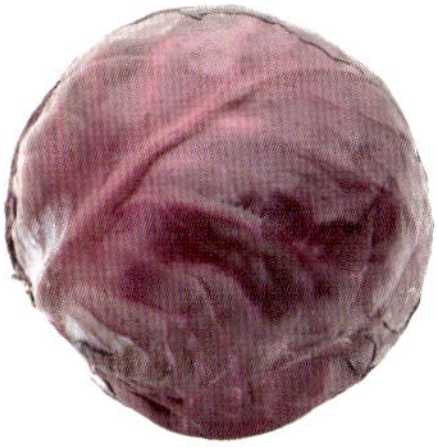

普通のキャベツに比べるとやや癖のある紫キャベツ。アントシアニンという色素でビタミンCが多く含まれています。

切手

浮世絵で登場する『助六由縁江戸桜』のハチマキは紫色。古代から近世まで人々に愛された色です。

のみならず世界中で大変もてはやされた色でした。古典的な染料の原料は山地などに群生する紫草で、その根（紫根）を乾燥させて細かく擦り潰し、お湯とともに袋に入れて漉し出すという工程が必要でした。そして紫の色が濃ければ濃いほど、富貴な印象を与えることができたのです。このほか蘇芳《すおう》という植物からも紫の染料がつくられますが、紫根の紫は「古代紫」、蘇芳の紫は「似紫《にせむらさき》」と区別されています。

ちなみに、紫色は高貴な印象がある一方で心理学的には二面性をもつ色です。赤と青という正反対な色の混色なので情熱と冷静さを併せもつような人がこの色を好むといわれています。

着物

紫は高貴な色ですが、浴衣にもとても似合います。

藤《ふじ》

色の配合

C	28	M	33
Y	0	K	0

- 誕生した時代 — 平安時代
- 名前の由来 — 藤の花の色
- 登場作品 — 『枕草子』（清少納言）
- 顔料・染料 — 染料

和歌にも読まれた美しい色

淡い青みのある紫色。名前の由来である藤は日本固有の植物です。毎年4月から5月にかけて見頃を迎える藤の花は、明るい紫の可憐なカーテンで見る人々の心を和ませます。また、時代を通じて最も女性に好まれてきた色の一つです。

平安時代において、源氏、平氏、藤原氏、橘氏の、いわゆる「源平藤橘」は貴族の姓の代表格で、このいずれかを名乗れることは庶民の憧れでした。大化の改新の立役者

名所

東京一の藤の名所といえば、菅原道真を祀った江東区の亀戸天神社。4月には藤まつりも開催されます。

美しいだけでなく、藤の花は天ぷらの具材にもなります。

絵画

大正時代に描かれた上村松園の『舞仕度』。藤色の着物を着て舞支度をする女性が描かれています。
(The National Museum of Modern Art,Kyoto)

となった藤原鎌足を始祖とする藤原家の家紋は、しだれ藤をかたどったもの。すなわち古来から藤は高貴さを象徴する植物だったのです。

藤は美しいだけでなく、長寿で繁殖力も強いことから、めでたい植物として親しまれてきました。

また、藤は工芸品などの素材としても活躍します。素材としては籠として編まれたり、紐に使われたほか、絹や木綿が伝わる前は麻などとともに衣料の材料としても使われていました。

文学

瓶にさす藤の花ぶさみじかければ
たたみの上にとどかざりけり

『竹の里歌』　正岡子規

解説

病で横になっていた正岡子規は、花瓶にさす藤の花の房が短すぎて見ることができない残念さを詠った短歌を残しています。

日用品

日本のカードゲーム・花札にも藤が描かれた札が登場しますね。

植物

春から初夏にかけて薄紫色の花を咲かせます。その色はまさに藤色です。

胡粉《ごふん》

- 誕生した時代 ― 奈良時代
- 名前の由来 ― 胡の国から来た白い粉
- おもな用途 ― 画材
- 顔料・染料 ― 顔料

色の配合

C	0	M	0
Y	2	K	0

工芸品

日本人形にも胡粉が使われています。

清純さを表す伝統の「白」

婚礼の白無垢のように清らかさや美しさの象徴である白色。白は黒とともに「無彩色」であり、一方ではすべての色の光を含む最も明るい色でもあります。

日本画の歴史において「胡粉に始まり、胡粉で終わる」といわれる、古くからなくてはならない顔料が「胡粉」です。「胡《ご》」とは古代中国の辺境に住んでいた民族の名で、「外国から伝わった粉」という意味の例えでこの名前がつけられました。日本で

上羽絵惣の白い絵具にはホタテの貝殻からつくられた胡粉が使われています。

工芸品

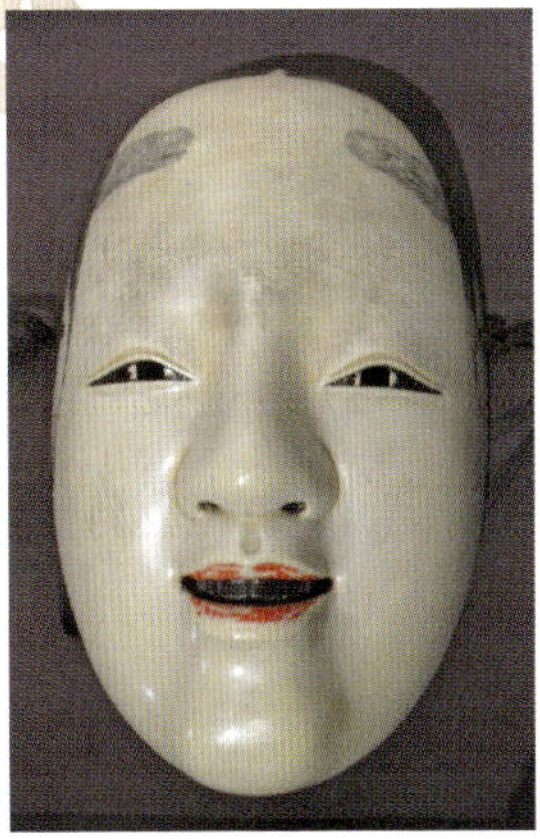

能面にも胡粉が使われてきました。

切手

江戸時代の中期〜後期に活動した絵師・円山応挙の『子犬図』の切手。白い犬は胡粉色です。

は奈良時代から使われ、当時の胡粉の原料は鉛の粉でした。しかし、後に鉛毒の害が知られるようになり、室町時代には石灰質を多く含むカキの貝殻からつくられた粉が使われるようになりました。

胡粉はそのまま白の顔料として使われるほか、他の色を塗るときの下地にも使われています。

桃山時代の名絵師・長谷川等伯の『桜図』、近世には伊藤若沖の『老松白《ろうしょうはく》鳳図《ほうず》』、琳派・鈴木其一の『柳に白鷺図』など胡粉の白を効果的に使った国宝級の名画も多く生まれました。また、日光東照宮の唐門にも胡粉が全体にわたって塗られています。胡粉は名だたる絵師や名工たちに重宝され、日本人の美意識に重要な役割を果たしてきたのです。

装飾品

胡粉から作られたマニキュアは刺激臭がなく、通気性に優れ、速乾性が高いです。

原料

中世以降、ハマグリ、カキ、ホタテなどの貝殻が胡粉の原料になりました。

漆黒

しっこく

色の配合

C	50	M	50
Y	0	K	100

- 誕生した時代 —— 平安時代
- よく使う表現 —— 漆黒の髪
- 代表的なモノ —— 漆器
- 顔料・染料 —— 顔料

動物

カラスのぬれ羽色は漆黒そのものです。

「漆黒」が表す対照的な印象

漆のように艶のある黒を指す「漆黒」。「純黒」とも呼ばれる漆黒は相容れない二つの印象を抱かせます。その一つは、すべての色を消してしまうような「恐怖」。もう一つは宇宙空間の広がりにも通じる尊厳な「美」。「漆黒の髪」という言葉があるように、日本人にとっては普通である黒い髪や瞳も、西洋の人々にはミステリアスな美しさとして受け止められています。

漆黒という名が生まれる前から日本人は

手鏡や櫛などにも漆塗りされた漆器があります。しかも漆は熱、湿気にも強い優れものなのです。

絵画

京都の建仁寺の法堂の鏡天井に描かれている『双龍図』。(写真提供：建仁寺)

漆《うるし》を生活に利用してきました。漆塗りが始まったのは神話時代のことで、山に猪狩りに出た日本武尊《やまとたけるのみこと》が漆の樹液を矢に塗り、その液を他の物にも塗ったところ、美しい色に染まったことが始まりといいます。

我々の身近にあるもう一つの代表的な漆黒は、やはり書道に使う墨でしょう。中国には殷の時代から墨づくりの文化があり、漢の時代には油を燃やした煤でつくる油煙《ゆえん》墨《ぼく》と松の木を燃やした煤でつくる松煙墨《しょうえんぼく》という2種の墨がありました。日本でも平安時代には松煙墨がつくられはじめ、写経の道具として各地に普及しました。思えば、墨の伝来から千年以上を経た現在も「黒い筆記具で文字を書く」という行為が変わらないのは不思議なものですね。「漆黒」は、人々の歴史の記録に大いなる役割を果たしてきた色といえるのです。

日用品

書道で使用する墨も深く黒い色､漆黒ですね。

ことば

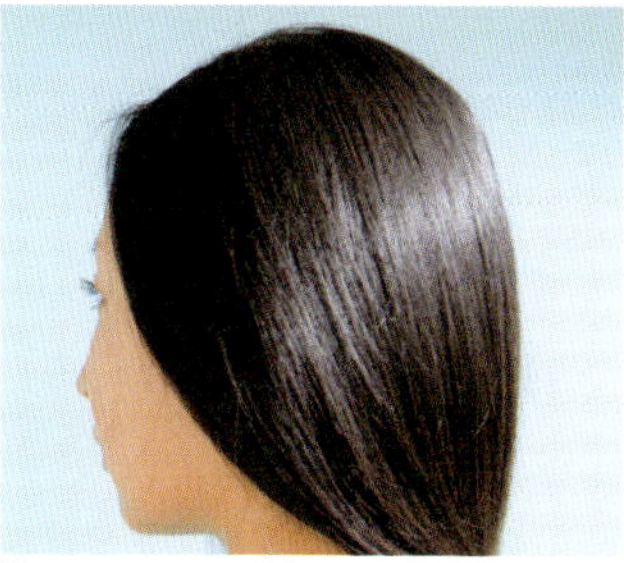

艶のある黒い髪を「漆黒の髪」といいます。

column①

京の風景から生まれる色

「永遠のみやこ」と呼ばれる京都。人々の心を感動させてきた風景を色に例えました。皆さんも風景から想像し、自分だけの色をつくってみませんか？

◇ 千本鳥居

伏見稲荷大社の千本鳥居の風景を色で表すなら、鮮烈な朱色です。赤系統は「血」を想起させる命の根源の色。鳥居がずらりと並ぶ「参道」は、赤ちゃんが通る「産道」につながっているように思えます。新しい人生や命が始まるわくわくする朱色の美景です。

◇ 鴨川納涼床

鴨川にある複数の飲食店では、川にせり出した座敷やテーブル席でお食事を楽しめます。鴨川の透明感のある水色、ユリカモメの白色、木々の緑色。それらがたそがれ時を迎えると、夕焼けのオレンジ色に染まる。自然や動物が時の移ろいを演出する京の風物詩色です。

◆ 月光銀

　月の光をイメージした銀色です。色とは一般的に、太陽光の反射によって見える色調を指します。こちらを「陽」とすれば、月の光がもたらす色調は「陰」。ほのかに照らされた物はどこか色っぽく、また、ぼんやりとした風情が安心感を与えてくれます。

◆ 枯山水

　枯山水は、水を使わずに石組や地形の高低差で山水を表す庭のこと。もし上羽絵惣に「枯山水をテーマにマニキュアを作ってほしい」と依頼があれば、薄茶、あるいは丁子色をベースとするでしょう。静寂に包まれた庭で自分を見つめ直すのにぴったりの色です。

◆ 十五夜

旧暦のころ、月は今以上に人々のくらしに密接に関わっていました。そして日本人は古くから月を愛でる習慣があったそうです。十五夜はまさにその日。そんな日本だからこそ、『竹取物語』のようなお話が生まれたのでしょう。あなたの十五夜色はどんな色でしょうか？

column②

かさねの色目

平安時代に始まった色彩文化「かさねの色目」。
女性たちは色とりどりの衣を重ね着することで、
着物から季節感を取り入れていました。

日本人には、衣を通じて四季を感じ生活の中にも四季を表現する習慣がありました。その一つが、「かさねの色目」です。かさね色目には三つの意味があります。まず、重ね着による色目。つぎに、生地の裏表による色目。そして、経糸《たていと》と緯糸《よこいと》に別の色を使う織物による色目です。

まず重ね着の色目。平安時代の女性たちは十二単《じゅうにひとえ》に代表されるように、衣を何枚も重ねて着ていました。色の違う衣を、襟元、裾などを少しずつずらして重ね着することにより、着物に配色美を取り入れました。その配色は、季節を象徴したもので、植物や情景の色を取り入れて表現されました。例えば、春には「紅梅のかさね」、夏には「卯の花のかさね」、秋には「朽葉のかさね」、冬には「枯色のかさね」など、季節によってさまざまな色の組み合わせが生まれました。四季折々の彩りを、着物に取り入れたのです。

次に生地の裏表による色目。春の「桜のかさね」では、裏に濃い紅色を、表に生すずし絹というごく薄い織物を重ねました。光があたると紅色がほのかに浮かび、桜色になります。

最後に経糸緯糸による色目。例えば、麹塵だと「経青緯黄《たてあおぬきき》」、萩だと「経青緯蘇芳《たてあおぬきすおう》」のように、経糸と緯糸を違う色の組み合わせで織られた布地は、光のあたり具合によって見え方が変わる効果を生みだします。その高貴な色合いは、天皇の袍《ほう》などにも使われてきました。

第2章

花が由来の伝統色

桜、梅、牡丹など。美しい花の色は、見る人を幸せな気持ちにしてくれます。それは私たちのご先祖様も同じだったのでしょう。伝統色には花の名前のついた色が多くあります。

紅梅

こうばい

- 誕生した時代――平安時代
- おもな用途――春の装い
- 登場作品――『源氏物語』（紫式部）
- 顔料・染料――染料

色の配合

C 0	M 53
Y 29	K 0

多くの文学作品を彩る春の訪れ色

紅梅色は紅い梅の花が由来です。かつて日本では花といったら梅の花でした。その地位が桜に替わってからも、春の訪れを感じさせる梅は、人々の心に喜びと希望をもたらしてきた、おめでたい花です。

ただ「梅」とだけいったら普通は紅梅を指しますが、濃さによって「濃紅梅《こきこうばい》」「中紅梅《なかこうばい》」「淡紅梅《うすこうばい》」に分かれます。『源氏物語』をはじめ、古くから多くの詩歌や物語にも登場します。

「かさねの色目」では春の始まりに着用するものとして「莟紅梅《つぼみこうばい》」「裏陪紅梅《うらまさりこうばい》」「紅梅匂《こうばいにおい》」といった多くの配色ができました。そんなことから、いかに紅梅を「見立て」たものが好まれたのがわかりますね。

工芸品

紅梅色の糸で小札枝を結んだ鎧のことを紅梅縅（こうばいおどし）といいます。

桜色

さくらいろ

- 誕生した時代 ── 平安時代
- 名前の由来 ── 桜の花の色
- 好んだ人物 ── 貴族
- 顔料・染料 ── 染料

色の配合

C	0	M	16
Y	15	K	0

日本人の心を映す国花の薄紅色

桜は中国原産の花ですが、日本では古くより「花王」と称えられてきた特別な花で、平安時代から花といえば「桜」のことを表していました。桜は日本の国花であり、その柔らかなピンク色は、昔も今も多くの日本人の心を癒やし続けています。

和歌や絵画などの芸術作品にも多く登場する桜は、それだけ人の心に感動を与えたことでしょう。咲き誇るときに人々の心を高揚させ、そして花弁を宙に舞わせて潔く散っていく。最後まで、なんと美しく、はかない生きざまでしょうか。

そんな日本人にとって特別な色といってもいい桜色は、日本人の美学を含んだものなのでしょう。

名所

東京の桜の名所・千鳥ヶ淵。お花見シーズンには多くの人が集まります。

生物

桜色をした二枚貝、桜貝はその美しさから貝殻細工に利用されてきました。

大正時代にも流行した野に咲く薔薇の色

長春《ちょうしゅん》

野薔薇である長春花の色で、いわゆる薔薇色よりも渋めのピンクです。洋装文化が多く取り入れられた大正時代には、オールドローズとして流行色になりました。ややくすんだようにも感じさせる色名は、「常に春」という意味の言葉でもあります。文字どおり春を感じさせる色といえますね。

- 誕生した時代 ── 明治時代
- 名前の由来 ── 長春花の色
- 顔料・染料 ── 染料
- 別名 ── オールドローズ

色の配合　C 6 M 52 Y 38 K 0

山桜に魅かれたからできた人里の桜色

里桜《さとざくら》

里桜は人里に咲く桜という意味で、山桜とは対の関係にあります。自生する山桜に魅了されたからこそ生まれた桜色です。京都・円山公園の枝垂桜は、京都人に愛される里桜。樹齢を重ねたこの里桜は、二十数年前までは若々しい咲きようで人々を楽しませてくれましたが、今はしっとりとした幽玄の美を感じさせます。

- 名前の由来 ── 里桜の花の色
- 代表的な植物 ── 八重桜、染井吉野
- 顔料・染料 ── 染料

色の配合　C 0 M 36 Y 31 K 12

秋桜

こすもす

誕生した時代―明治時代
名前の由来―コスモスの花の色
登場作品―『一つの花』（今西祐行）
顔料・染料―染料

色の配合

C	0	M	62
Y	15	K	0

秋の桜は調和のとれた温かさをもつ色

秋桜と書いて「あきざくら」とも「コスモス」とも読みます。その名のとおり秋になると桜に似た、白色や淡紅色などの花を咲かせます。

秋桜はメキシコ原産で、日本には明治時代に伝わりました。ギリシャ語で書くと「kosmos」で、秩序、調和、あるいは宇宙という意味をもちます。放射状に花弁を広げる秋桜の花。その整然としたありように、昔の人は秩序を感じ、そして整った宇宙観の現れを見たのではないでしょうか。

夏の暑さがやわらぎ、涼風に肌寒さを感じるようになる秋に目にする秋桜の色。春の桜は陽、秋桜は陰。自然の色は陰陽の調和を私たちに改めて教えてくれます。

風景

秋に花開く満開のコスモス畑。

撫子《なでしこ》

強さや奥ゆかしさを表す日本女性の象徴

秋の七草の一つ。可憐でありながら凛とした佇《たたず》まいは、日本女性の強さや奥ゆかしさを表す「大和撫子」という言葉を生み出しました。色は花の色そのままに薄いピンクです。優しく寄り添ってくれるような温和な色合いは、現代でも多くの女性に人気があります。英名のピンクの語源でもあります。

- 誕生した時代 ── 平安時代
- 名前の由来 ── カワラナデシコの花の色
- 登場作品 ── 『枕草子』(清少納言)
- 顔料・染料 ── 染料

色の配合　C 0 M 60 Y 0 K 0

牡丹《ぼたん》

花の王の異名をとる存在感ある花

中国を代表する花で「百花の王」とも呼ばれます。日本には奈良～平安時代に伝わり、かさねの色目としても楽しまれていました。色自体が生まれたのは、彩度の高い化学染料が普及した明治時代以降。「立てば芍薬、座れば牡丹、歩く姿は百合の花」という女性の美しい身のこなしにも例えられます。

- 誕生した時代 ── 明治時代
- 名前の由来 ── 牡丹の花の色
- 季節 ── 春
- 顔料・染料 ── 染料

色の配合　C 21 M 84 Y 9 K 0

平安時代から愛される
代表的な春の装いの色

躑躅《つつじ》

躑躅の色は、赤、白、オレンジ、ピンクと色々ありますが、代表的な色として濃いピンクが選ばれています。躑躅のかさねは表が蘇芳（濃いめの赤）で裏が萌葱（黄緑）、もしくは表が白、裏が紅などと言われていますが、やはり多くの種類の色がある躑躅ならではの様々なかさねの色目が残されています。

- 誕生した時代 ── 平安時代
- 名前の由来 ── 躑躅の花の色
- おもな用途 ── 春の装い
- 顔料・染料 ── 染料

色の配合　C 0　M 83　Y 30　K 5

気品に満ちあふれた
東洋の薔薇

椿《つばき》

椿色というと深紅を指しますが、「椿は何色？」と尋ねれば、それ以外にも淡紅、白といった色が挙がるはず。東洋の薔薇とも呼ばれる椿は、深い緑の葉と花の色との組み合わせが気品ある色彩を生み出しています。侘《わ》び寂《さ》びに色を添えるにふさわしい格式高い花なので、茶道で生ける茶花の中でも人気があります。

- 誕生した時代 ── 江戸時代
- 名前の由来 ── 椿の花の色
- 登場作品 ── 『草枕』（夏目漱石）
- 顔料・染料 ── 染料

色の配合　C 24　M 100　Y 55　K 0

中国から伝わった赤色染料の代表的存在

紅《くれない》

3世紀頃、中国の呉《ご》の国から伝わった紅花の色です。当時、日本では染色の代表的な色である藍を、染色という行為そのものを表す言葉としても使っていました。呉は「くれ」とも読み、その「くれ」から伝わった染色（＝藍《あい》）ということで「くれあい」となり、後に「くれない」と呼ばれるようになりました。

- 誕生した時代 ── 紀元前
- 顔料・染料 ── 染料
- 別名 ── べに

色の配合　C 14 M 98 Y 63 K 0

おはぎの語源でもある落ち着いた色の風合い

萩《はぎ》

萩は『万葉集』にも登場する秋の七草の一つ。夏から秋にかけて紅を帯びた紫色や、白色の花で私たちの目を喜ばせてくれます。かさねの色目の一つで、表は蘇芳色《すおういろ》、裏は青で、主に秋の色として用いられてきました。おなじみの和菓子「おはぎ」は、小豆の粒が萩の花が咲き乱れるさまに似ていることが語源です。

- 誕生した時代 ── 平安時代
- 名前の由来 ── 萩の花の色
- 登場作品 ── 『万葉集』
- 顔料・染料 ── 染料

色の配合　C 0 M 80 Y 0 K 5

杜鵑草（紅紫）

ほととぎす

- 誕生した時代——近代
- 名前の由来——杜鵑草の花の色
- 顔料・染料——顔料と染料両方

色の配合

C	45	M	90
Y	0	K	0

鳥のホトトギスの斑紋に似た色

杜鵑草は「ホトトギス」と読み、この場合は植物のホトトギスを指します。鳥のほうを漢字で書くときには、「杜鵑」「不如帰」「時鳥」などがあります。

杜鵑草は秋に開花するユリ科の多年草。ところどころに紫色の斑点がある白い花を咲かせます。この模様が鳥のホトトギスのお腹に見える斑紋と似ているため、この名前がついたのだとか。

植物

杜鵑草の花。夏の終わりから晩秋まで咲き、夏の季語になっています。

中国の伝承によれば、鳥のホトトギスは農耕の帝王の化身。収穫の季節になると「不如帰去」（帰りたいよ）と鳴くことから、不如帰があてられるようになったそう。そのことから上羽絵惣では、杜鵑草の色言葉を「帰りたい」としています。

菖蒲　しょうぶ・あやめ
杜若　かきつばた

- 誕生した時代 ― 平安時代
- 名前の由来 ― 菖蒲、杜若の花の色
- 登場作品 ― 『おくのほそ道』（松尾芭蕉）
- 顔料・染料 ― 染料

色の配合

C 56	M 90
Y 0	K 5

薬にも用いられる花の品格高い紫色

初夏になると花を咲かせる紫の花の色です。菖蒲は、同じ字でありながら、「しょうぶ」と「あやめ」の二通りの読み方があります。また、それぞれが、違う植物でありながら、見た目が似ているというなんともややこしい話です。「しょうぶ」は、サトイモ科に、「あやめ」はアヤメ科に属します。

一方、杜若も菖蒲にとても似た花を咲かせるアヤメ科の植物で、「群青」で紹介している江戸の琳派を代表する画家・尾形光琳の『燕子花図屏風』には、杜若が描かれています。

菖蒲の香高い葉は、端午の節句の菖蒲湯に、根茎は乾燥させて胃薬として飲まれるなど、観賞用だけでなく、日々の暮らしに役立つ花として重宝されてきました。

植物

上が菖蒲《しょうぶ》で下が杜若。似ているので、一目で判断するのは難しいそうです。

心を癒してくれ精神性を高める色合い

菫《すみれ》

菫は古くは万葉集に詠われ、桃山時代からは絵画にもしばしば登場する花です。紫はかつて高貴な色とされ、身分の高い人だけが装うことを許された色でした。野に咲く菫は花の中ではどちらかといえば脇役に分類されるかもしれませんが、人の心を癒す効能があるという紫の花は、多くの人をなごませてきたのです。

- 誕生した時代 ── 近代
- 名前の由来 ── 菫の花の色
- 顔料・染料 ── 染料
- 英名 ── バイオレット

色の配合　C 65 M 72 Y 0 K 0

凛々しい紫色が集中力を増してくれる

桔梗《ききょう》

秋の七草の一つ。花は小ぶりですが、花弁の一枚一枚に凛々しい姿がうかがえます。花の色は紫に近い青、または青みを帯びた紫、群青といった表現が似つかわしいでしょう。

こういった色は、直感を研ぎ澄ませ、物事を冷静沈着に推し進める精神的なお手伝いをしてくれます。

- 誕生した時代 ── 平安時代
- 名前の由来 ── 桔梗の花の色
- おもな用途 ── 秋の装い
- 顔料・染料 ── 染料

色の配合　C 75 M 70 Y 0 K 0

「誠実」の花言葉をもつ紫色の花

竜胆《りんどう》

光を浴びているときに紫色の花を開き、光のないときは花を閉ざす。その律儀なさまから「誠実」の花言葉があてられました。伊藤左千夫の小説『野菊の墓』ではヒロインが主人公を竜胆の花に例えています。これは相手の誠実さを称えてのこと。誠実に生き、竜胆の紫が似合う人になりたいものですね。

- 誕生した時代 ―― 平安時代
- 名前の由来 ―― 竜胆の花の色
- おもな用途 ―― 秋の装い
- 顔料・染料 ―― 染料

色の配合　C65 M59 Y0 K5

邪悪な気を祓うミステリアスな紫の色

楝色《おうちいろ》

「楝」は梅檀《せんだん》という植物の古名です。初夏を迎えると咲く花の色が、淡い藤色をしていることから「あふち」と発音されるようになり、それが転じて「おうち」と呼ばれるようになったとか。花の甘い香りとミステリアスな紫色に、昔の人は聖なる力を感じたのでしょう。平安時代には邪気祓いの花とされていました。

- 名前の由来 ―― 梅壇の古名と花の色
- 好んだ人物 ―― 南方熊楠《みなかたくまぐす》
- 顔料・染料 ―― 染料
- 別名 ―― 樗色《おうちいろ》

色の配合　C49 M51 Y12 K0

紫苑

しおん

- 誕生した時代 ―― 平安時代
- 名前の由来 ―― 紫苑の花の色
- 登場作品 ―― 『夜半の寝覚』
- 顔料・染料 ―― 染料

色の配合

C 40	M 40
Y 0	K 30

日本人の心に響く魅惑的な色

『源氏物語』や平安時代後期の物語『夜半《よわ》の寝覚』などに登場する小さな菊で、淡い紫色の花を咲かせます。「しおに」と表記されることもありますが、これは紫苑と同じ色で、昔の日本人は織物や染物などに取り込んでは楽しんでいたそう。

紫は身分の高い人にのみ着用が認められためでたい色で、また、あでやかな色合いとしても好まれていました。清少納言も『枕草子』の中で紫苑の衣を「あてやか（＝あでやか）」と表しています。ここでの「あでやか」は、高貴で美しいという意味です。最近では、お子さんの名前に「紫苑ちゃん」とつける方もいらっしゃるようです。

植物

秋に直径3センチほどの花を咲かせる紫苑。

藤袴

ふじばかま

- 誕生した時代 —— 平安時代
- 名前の由来 —— 藤袴の花の色
- 登場作品 —— 『源氏物語』（紫式部）
- 顔料・染料 —— 染料

色の配合

C	30	M	40
Y	0	K	10

文学

『源氏物語』の第三十帖の巻名になっています。（国立国会図書館デジタル資料）

視覚と聴覚の両方で楽しむ花

秋の七草の一つである藤袴。花弁の明るい紫も美しいですが、その香りはとてもかぐわしく、かつては匂い袋として多くの人が用いていました。

昔は河原などに咲いて私たちの目を楽しませてくれた藤袴ですが、近年ではあまり見かけなくなり、環境省から準絶滅危惧種に指定されてしまいました。

大変貴重な藤袴は、京都市西京区の大原野で見ることができます。秋になると約千株もの大原野原種の藤袴が咲き乱れるのです。花の淡紫色と草の清涼な緑が織りなす大自然の絶景。そして、南から日本に渡りをするアサギマダラ蝶を誘う甘やかな芳香。ぜひ、ご自身の五感全部で楽しんでみては？

萱草色

かんぞういろ

誕生した時代――平安時代
名前の由来――萱草の花の色
おもな用途――忌服
顔料・染料――染料

色の配合

C	0	M	48
Y	95	K	0

自分に不要なものを教えてくれる色

萱草はユリ科の多年草で、夏になると1日だけ橙色や黒みを帯びた大きな花を咲かせます。別名は「忘れ草」。『今昔物語』や『源氏物語』などの古典に登場する色ですが、悪いこと、いやなことをもたらす「醜草《しこぐさ》」ともいわれ、平安時代には葬儀などの忌事に用いられていました。

そんな凶色に感じる萱草色ですが、その濃いオレンジ色はインドの伝統医学「アーユルヴェーダ」の概念の第2チャクラで下腹部を指します。下腹部は不必要なものを排泄する器官のある場所で、今の自分にいらないものは捨てなさいと教えてくれます。何かに悩んだときは萱草色を見ながら、自分に向き合うのもいいかもしれません。

植物

萱草の若芽は芽かんぞうといい
食べることができます。

金木犀

きんもくせい

- 名前の由来――。金木犀の花の色
- 代表的な食べ物―。花茶
- 顔料・染料――。染料

色の配合

C	0	M	41
Y	74	K	0

甘い香りが漂うような秋の色

庭木としてしばしば目にすることができる中国原産の金木犀。その花に由来するその色合いは、少し黄色みがかった橙色と表すことができるでしょうか。決して派手ではないけれども華やかさも感じる色は、人々を惹きつけます。

金木犀の小ぶりな花は華麗かつ香りもとても素晴らしいものです。秋を迎えたあたりから、道を歩いていると、どこからか甘い香りがふわりと漂ってきて、金木犀が咲いていることを教えてくれます。

花言葉は「謙虚」と「気高い人」。秋の主役は紅葉に譲りつつ、品格ある色と香りでうっとりとさせてくれる金木犀色は、気高い謙虚さを語ってくれます。

植物

江戸時代に日本に入ってきた金木犀。庭木としてとても人気の高い木です。

文学

田山花袋の代表作『田舎教師』には、「庭の金木犀は風につれてなつかしい匂を古びた寺の室に送る」という文章も。（新潮社文庫刊）

向日葵《ひまわり》

誕生した時代——大正時代
名前の由来——向日葵の花の色
登場作品——『ひまわり』（フィンセント・ファン・ゴッホ）
顔料・染料——顔料

色の配合

C	0	M	27
Y	88	K	0

夏の代名詞でもある、まぶしい黄色

向日葵というと、日本古来の言葉である大和言葉のように感じられますが、花が太陽（日）に向かって顔を伸ばすという説から、この漢字が使われるようになりました。近代に生まれた新しい色です。

向日葵は「日回り草」ともいい、また、英語では「サンフラワー」（太陽の花）といいます。しかし実際には、太陽に向かって花を伸ばすことはほとんどありません。この俗説が信じられてきたのは、茎が2メートルにもなる向日葵の鮮やかな黄色が、もう一つの太陽のように感じられたからではないでしょうか。

ゴッホの有名な絵画『ひまわり』ではこの黄色と背景の青の補色の演出が素敵です。

名所

向日葵の名所、新潟県の津南の向日葵畑。7月下旬から8月中旬が見頃。

植物

種は栄養価が高く人間も食せます。ハムスターがほおばる姿の可愛いこと……。

女郎花

おみなえし

- 誕生した時代 — 平安時代
- 名前の由来 — 女郎花の花の色
- おもな用途 — 秋の装い
- 顔料・染料 — 染料

色の配合

C	2	M	0
Y	90	K	0

美女さえも圧倒する美しき色

女郎花は秋の七草に数えられます。伝統色の名前としては、かさねの色目の一つでもあり、織物では経《たて》青《あお》緯《ぬき》黄《き》になります。同じ黄色系統の山吹が温かみのある黄色なら、こちらの女郎花は涼しげな黄色と表せるでしょう。山吹は春の黄色、女郎花は秋の黄色と捉えると、また違った趣を楽しめそうです。

一説によれば、「おみな」は美しい女性をいい、「えし」は圧す＝押すという意味だそう。つまり、美女さえも圧倒するほどに心を奪われるような花ということになります。ビビッドかつクールな黄色は、どんなべっぴんさんにも負けない魅力にあふれているようです。

食物

女郎花の根っこを煎じると利尿・解毒薬になります。

文学

『宇津保物語』で「若やかなるをみなへしいろの下襲を着よ」と女郎花色が登場します。（国立国会図書館デジタル資料）

気持ちを豊かにする明るい黄色

菜の花《なのはな》

「菜の花畑に入り日薄れ」。童謡『朧月夜』のこの一節を耳にすると、ほのかにかすむ月光に照らされる菜の花の黄色が、頭の中に映し出される方も多いのではないでしょうか。明るい黄色は、人を楽しい気持ちにさせます。装いにこの色を取り入れると、その日はうきうきとした心持ちで過ごせそうです。

- 誕生した時代 ―― 近代
- 名前の由来 ―― 菜の花の花の色
- 代表的なモノ ―― 菜の花畑
- 別名 ―― 菜種色

色の配合　C 3　M 19　Y 96　K 0

けがれを知らない少女のような純白

雪柳《ゆきやなぎ》

春先になると、小さな五弁の雪のような白い花をたくさん咲かせる雪柳。「なにもなにも小さきものは皆うつくし」と『枕草子』にはありますが、「うつくし」とは愛らしいという意味です。なるほど、確かに雪柳の小さくて真っ白な花弁の色は、けがれを知らない純真無垢な可愛い女の子のようにも思えます。

- 名前の由来 ―― 雪柳の花の色
- おもな用途 ―― 春の装い
- 顔料・染料 ―― 染料

色の配合　C 0　M 3　Y 3　K 0

卯の花色

うのはないろ

- 誕生した時代 ― 奈良時代
- 名前の由来 ― 卯の花の色
- 登場作品 ― 『万葉集』
- 顔料・染料 ― 染料

色の配合

C	1	M	0
Y	4	K	2

大いなる可能性を秘めた純粋な白

ウツギとも呼ばれる卯の花は、小さな花を鈴なりに咲かせます。卯の花色とは、その花弁の色と同じ、混じりけのない純白のこと。その名の由来は、卯の月（旧暦の4月）に咲くということからだそうです。

卯には「初」「産」という意味もあり、巡る年の始まりや、新たな命の誕生を表しています。赤ちゃんの初々しさと、一点の曇りもない純粋さ。これからどんな色にも染めることができる可能性に満ち満ちた色といういい方もできるでしょう。

ちなみに、食べ物の卯の花はおからのこと。雪花菜《きらず》とも呼ばれるおからの色が、卯の花の純白に近いことが語源です。

風景

卯《う》花月《はなづく》夜《よ》

卯の花が咲いている月夜のことを「卯花月夜」といいます。

植物

初夏の代表的な風物詩。白く咲くさまは、波、雲、月などに例えられます。

column③

上羽絵惣がつくる新しい日本の色

現存する日本最古の絵具屋である京都・上羽絵惣。古《いにしえ》から伝わる日本人の色彩の美学を受け継ぎながらも、現代風の新しい感覚が取り入れられた京色を提案しています。

上羽絵惣十代目　石田結実

色が伝える和の心

豊かな自然に囲まれた日本の風景には、あらゆる色が集約されています。緑したたる木々、清い川のせせらぎ、紺碧の海原、黄金色に実る稲穂畑、茜色の夕日……。そこに四季が織りなす独特の光が、色の濃さや鮮やかさを微妙に変化させます。古来より日本人は、色合いのわずかな差異にも目を留めて、色を受け止める感性を培ってきました。

この本で紹介しているように、日本には色名がたくさん存在します。例えば、代表的な色の一つに「藍」がありますが、藍色だけでも染める回数によって瓶覗《かめのぞき》、浅葱《あさぎ》、縹《はなだ》、藍《あい》、紺……と、それぞれ違

う色名がつけられています。

このように、少しの色の違いにも、情緒を感じ、慈しみ、名前をつけて表現する。元来、自然に対する感受性や心の機微に長けている日本人のDNAがそうさせたのでしょう。

色は人の心を動かす

私たちが目にするものには、すべてに色があります。そして、私たちは色によって助けられています。色があることによって、そのものが何であるかを認識することができるのはもちろん、美しい色を見れば、人は癒やされ、優しい気持ちになったり、鮮やかな色を見れば、エネルギーが満たされ、元気が出たり。色には人の心を動かし、人を幸せにできる力もあるのです。
文明の進化によって、人は色を自在に操れるようになりました。染料や顔料が発明されてはじめて、モノに色を灯すことができるようになったのです。そして衣服や化粧、現代ではネイルやヘアカラーなど、自分自身も自在に姿形を彩ることができるようになりました。心地よいと感じる色を自分自身や周りのモノに取り入れることで、モチベーションを高めることもできます。

色名に宿る言霊

上羽絵惣は、長い間、日本の色を見つめ、伝えてきました。伝統的な色を継承することはもちろん、時代に合わせてつくったオリジナルカラーもあります。オリジナルカラーは、現代に生きる人々の感覚や好み、そしてトレンドを取り入れてつくり上げた色になります。現代色をつくる上で、色名にはこだわりがあります。色の名前には言霊が宿っていると感じているからです。色は視覚からの情報だけでなく、色名からの情報によっても、色のイメージを決

めてくれると思います。

伝統色においても、一色一色に意味があります。たとえば、猩々緋《しょうじょうひ》という濃い紅色がありますが、この色名は「猩々」という伝説の生き物の血の色に例えられて名づけられました。名前の背景を聞いただけで、生命力を感じる赤色を想像できますね。

このように、色に対するこだわりだけでなく、色名にまでこだわりをもつ、日本人の心の機微は、本当に繊細なものだと感じます。

上羽絵惣が提供する現代色においても、それぞれにストーリーや願いを込めて名づけています。

例えば、「水藤《みずふじ》」（P.64）は青みがかった薄い紫色ですが、藤の花の美しく咲き誇っているまさにそのときの、新鮮な色合いを表現したかったことから、「水」という語でみずみずしさを表現しました。

また、「いちごみるく」（P.62）は、赤く熱したいちごに、甘い練乳がたっぷりかかったイメージのパステルカラー。子どもから大人までが親しみ、この色たちを通じて温かさや幸福感や愛を感じていただきたいという願いが込められています。

現代人のくらしを応援する色

時代によっては禁色などがあり、身分によって使えない色がありました。しかし、今は、色を自由に選べる時代。一方で、豊色すぎて、色をどう選んでいいかと困惑したり、必要な色の存在に気づいていない人もいるかもしれません。まずはご自分の好きなことや、モノの色から洞察力と観察力を養いましょう。色のもつ繊細さ、味わい、そして色と色との調和を感じていただくことで、きっと何か感性に響くものを得られるはずです。

現代の忙しい生活の中でも、伝統色や、そこから派生していく現代色が、くらしに寄り添って人々を応援し、元気で輝く人が一人でも多く増えてくださるといいなぁと日々思い願っております。

上羽絵惣の現代京色

春　夏

上羽絵惣が生み出すオリジナル色。
春と夏のイメージの色を紹介します。

陽光色

ようこういろ

温かく優しい太陽のきらめき

陽光とは、その字のごとく太陽の光のこと。天から降り注ぐお日様の光のような、温かみがあって、地球上のあらゆる生命を優しく包み込んでくれるきらめきをもった色です。ぬくもりさえも感じられそうな橙色は、さながら春の日差し。金粉を振りまいたかのようにきらきらとした色合いは、花々には咲き頃を、動物には眠りの冬の終わりを、そして私たち人間には新しい生活の始まりを教えてくれます。

この色にどこか懐かしさを覚えるのは、子どもの頃は太陽が出ているだけでうきうきと高揚したことを思い出させるからではないでしょうか。陽光色を見ていると、お日様に見守られながら、くたくたになるまでいっぱい遊んだ記憶がよみがえってきて、とても和やかな心持ちになれるはずです。

陽光色に秘められた力

日本神話の天照大御神《あまてらすおおみかみ》、ギリシャ神話のアポロン、エジプト神話のラーのように、各地域の神話には、必ずといっていいほど太陽を司る神が登場します。それだけ太陽というものは命の恵みをもたらすものとして、そしてエネルギーの象徴として崇められてきたのです。陽光色を目にしたり、身につけたりすると、そんな力がもらえて、日々を前向きに過ごせるでしょう。

雲母桃《きらもも》

日差しの中の桃花のような輝き

白銀に輝く桃色です。透明感のある色で、可愛らしい桃色と銀色のパール感を同時に楽しむことができます。

春を表現する桃色に、光の反射を取り入れられる雲母をさらに重ねることで、春の日差しを浴びるようなわくわくした気持ちも生まれます。

冬が終わりかけるまだ寒い時期、季節を先取ってこの色をまとってみたら、自分も周りの人も元気にさせてくれるかも……。

桃花《ももはな》

春を連れてくる、少女のような色

桜よりわずかに早く開花を迎える桃。桜が咲くとすっかり春がきた趣がありますが、桃はその幼気さもあって、春を連れてくるようです。色は桜と比べると濃いピンク色ですが、決して派手な色ではなく、若々しい少女のようなイメージがあります。雛祭りで活躍する花ということもあり、いつまでも女の子の気持ちを忘れたくない女性におすすめの色です。桃の花の名所としては、山梨県笛吹市などが有名です。

◀桃花色の着物は幼気な
少女のようなイメージ。

いちごみるく

幸福感があふれる優しく愛らしい色

赤く熱したいちごにミルクを混ぜ合わせたような色です。甘い練乳がたっぷりかかったいちごを連想してしまいますね。優しい色で、見ていると温かさや幸福感、愛情といった感情が芽生える人もいるかもしれません。

紅梅白《こうばいびゃく》に似ていますが、こちらのほうが若干白が少なく、赤みが強めです。年齢に関係なく、甘く可愛い自分になりたいときに取り入れてみてください。

桃真珠

ももしんじゅ

さまざまな表情を見せる桃色

真珠のような麗しさを兼ね備えた、淡く清楚な桃色のきらめきを楽しめる色です。ほのかな虹色の光を反射し、見る角度や光の性質などで赤から紫色までさまざまな色を魅せてくれます。その表情は、色が光であることを教えてくれているようでもあります。海の宝石である真珠は、健康・富・長寿・清潔などを意味します。ほんのり桃色がかった真珠は、女性に幸せで清らかなパワーを与えてくれることでしょう。

紅梅白

こうばいびゃく

淡い紅梅の花のような豊麗な色

淡い紅梅の花のような繊細な麗しさをもつ色です。女性の温かさを感じさせるとともに、さわやかな印象の中に、色香も漂わせています。白を「びゃく」と読むのは顔料の世界では常識ですが、この色合いの妙と読み方を広く伝えたい思いから生まれた色名です。

この色は海棠色《かいどういろ》という濃いピンク系の色がもとになっています。「海棠《かいどう》の睡《ねむ》り未《いま》だ足《た》らず」という故事があり、唐の玄宗皇帝が楊貴妃を評した言葉とされています。海棠は楊貴妃を表し、美人が酔って眠った後、まだ酔いが醒めきっておらず艶かしい様子の例えとなります。その艶っぽさが伝わるようですね。

色香ある女性を演出

この海棠色を淡くし、和やかさを与えた色がこの紅梅白です。紅梅白は見る人に、女性本来の温和さや母性を感じさせます。

『枕草子』では清少納言も、「いとめでたきもの」として「木の花はこきもうすきも紅梅」とあげています。この色を身につけることによって、より女性らしさに磨きがかかることでしょう。春の装いにぜひ一色加えてみてはいかがですか。

水桃

みずもも

透明感あふれる、桜貝にも似た桃色

透明感のある桃の果実のような色です。ここでの「水」は「透明感」という意味です。

色自体ははかなげですが、身につけると肌の血色をよく見せてくれます。爪に塗れば桜貝のように映るでしょう。古来中国からのいい伝えで、桃には邪気を祓う力があるといわれています。そんな効果も感じて身につけるのもよいかもしれません。すべての女性に楽しんでほしい、優しく清潔感のある色です。

水藤

みずふじ

水に映った藤の花を思わせる薄紫

こちらは透き通った藤色です。藤色ならではの青みのある清らかな紫が透明に透かされて、柔らかで涼やかな色になっています。水面に映る藤の花房を彷彿とさせます。

藤の名所で有名なのは、最近では栃木県のあしかがフラワーパークです。アメリカのＣＮＮが紹介したことから海外でも人気で、樹齢１５０年、面積１０００平方メートルに及ぶ大藤棚は特に圧巻です。

藤紫白《ふじむらびゃく》

見ているだけで癒やされる淡い紫

藤の花を連想させる美しい紫色に白を混ぜています。見ているとリラックスできるような、疲れを癒やしたい人に向いている色です。

藤原家ゆかりの花藤。平安時代の貴婦人には欠かせない色でもあり、一方ではこの気高さは、武将にとっても魅力あるものであったでしょう。

藤原氏の家紋でもある「藤」は、日本人にとって憧れのある花です。その藤と合わせた紫色の色調は格式が高く、品位があります。関西でも人気ですが、特に関東の女性たちに好まれる色です。

大人の女性の気品を漂わせる

藤紫白は和服はもちろん、洋服でもファッションに取り入れることによって、奥ゆかしさがありかつ魅惑的な印象を漂わせてくれます。また、少しクールなイメージも出すことも。

服の色は周囲の人への印象づけはもちろん、身につけているご自分の気分も変えることができます。気持ちを落ち着かせたいとき、リラックスさせたいときなどにぜひこの色を灯してみてください。

ミントアイス

夏にぴったりなさわやかなアイスの色

アイスクリームでよく見かけるミントアイスの、清涼感のある色。白みの強い青緑色です。甘く、鼻に抜けるようなミントの味が口の中によみがえってきそうですね。

とても夏らしい色で、夏服全般に合いますが、おすすめしたいのはやはり浴衣です。定番の藍染にはもちろん、白や赤、黄色、紫といった色にもなじみます。ネイルや小物に取り入れて夏を満喫してみてください。

おそら

青く澄みきった空の色

子どもがお絵描きに使う、青く澄みきった空のような色です。思い出の中に残っているのは、こんな色をした空だったのではないでしょうか。大自然を連想させる力強い水色で、希望、悠久、平和などという言葉がイメージされるようなパワーがあります。元気のないとき、どこか一点に取り入れると、リフレッシュ効果で思わぬ突破口が見つかるかもしれません。空色とおそらの違いも感じてみては。

バナナ

エネルギッシュでパワフルな黄色

栄養満点のバナナのエネルギッシュな黄色です。黄色はあらゆる色相の中で、最も明るく輝きに満ちた色。混じりけのない黄色は、何かが新しく始まる予感を連れてきてくれます。

バナナは食物繊維やビタミン、カリウム、ポリフェノールなどの栄養が豊富に含まれており、健康面、美容面でも積極的に食べたい果物、まさしく色もそうですね。

緋銅色《ひどういろ》

純銅をさらに美しく彩る職人技

磨いた純銅を高度の熱で変化させ、鮮やかな緋色を出したものを緋銅といいます。銅の色と熟練された職人技のコラボレーションで、金属に美しい彩度が加わるのです。銅は軟らかいので、他の金属との溶融もよく、合金してさまざまな質や色調が得られるため、金工の技法にも多用されています。力強さと高貴さ、気品、洗練などが同居する、磨きをかけたいとき、ぜひ使っていただきたい一色です。

仏桑花

ぶっそうげ

南国といったらまずこの花が浮かぶ

南国といったときにまずイメージされるのがハイビスカスの花。世界の熱帯・亜熱帯地域に多く生息し、さまざまな色の花を咲かせます。赤、黄色、橙色、ピンク、白などですが、一般的に想像されるのは、ピンクみを帯びた濃い赤色の花であることが多いようです。

仏桑花はハイビスカスの和名ですが、この花にはさまざまな種があり、厳密にどれか一つの種を指すというよりは、アオイ科の常緑小低木全般を指すとされています。中国やインド洋諸島が原産という説がありますが、実際には不明。日本には江戸・慶長年間に最初の記録が残っています。

マレーシアの国花。花びらに意味が

日本人にとっては沖縄と結びつきやすい花ですが、沖縄の県花はデイゴ。マレーシアでは1960年に初代大統領トゥンク・アブドゥル・ラーマンに国花と制定され、親しまれています。5枚の花びらそれぞれに「神への信仰」「国王および国家への忠誠」「憲法の遵守」「法による統治」「良識ある行動と徳性」という意味があり、赤い色は勇気を示します。

園芸用、観賞用としても人気の花で、暖かい地域以外でも室内の気温を管理するなどすればきちんと育ちます。太陽に向かって「私を見て」といっているかのような色です。

第3章

植物が由来の伝統色

植物の色といえば緑ですが、ひと言で緑といっても伝統色には、さまざまな緑があります。また、植物を由来とした伝統色は、緑以外にも黄、茶、紫など実に豊富です。

木賊色

とくさいろ

- 誕生した時代 —— 平安時代
- 名前の由来 —— 木賊の茎の色
- おもな用途 —— 冬の着物
- 顔料・染料 —— 染料

色の配合

C	58	M	0
Y	50	K	50

平安時代のシニアが着こなした色

木賊は同じ読みで「砥草」とも書く、トクサ科の植物。茎はとても硬く、刃物を研ぐのに使ったことが名前の由来です。『源氏物語』にも登場する、古くからある染料の色名です。濃い緑色を指し、比較的高年齢の人が着る狩衣《かりぎぬ》（平安時代の公家の略服）に用いられていた色だったと伝えられています。

木賊というと、東北地方の人は福島県の木賊温泉を思い浮かべるのではないでしょうか。約千年ほど前に見つけられたとされるこの温泉は、会津の隠れ湯とされ、周囲に木賊が生い茂っていたことが語源なのだとか。さらさらと流れる清流の音と、癒やしを与えてくれる緑は、心と体を浄化してくれそうです。

名所

木賊が名前の由来の福島県木賊温泉。写真はその近くにある、神社の使いの蛇が行水したという伝説をもつへび滝。

徳川家の三つ葉葵の威厳あふれる緑

葵緑《あおいみどり》

葵の葉のような、深い緑色です。夏の着物のかさねの色目で、表は淡青、裏は淡紫として表現されていたと伝えられており、特に平安時代に好まれていたそうです。京都では毎年5月に「葵祭」が開催されます。御簾、牛車、勅使や供奉者の衣冠など、すべてが葵緑色をしたフタバアオイの葉で飾られます。

- 名前の由来 —— 葵の葉の色
- 好んだ人物 —— 徳川家
- 顔料・染料 —— 染料

色の配合　C 49 M 0 Y 24 K 40

深みのある枯淡な緑色

苔色《こけいろ》

苔色は、苔の色と聞いて思い浮かべるとおりの、渋くて深い緑色です。禅の思想が入ってくると、足利義政の禅寺である銀閣寺を代表とした東山文化が栄え、そこには枯淡な色彩が必要とされました。水分をしっかりと含ませると光の反射が均一になり、より深みの出る苔色は、この時代の文化を象徴する色です。

- 誕生した時代 —— 平安時代
- 名前の由来 —— 苔のような色
- 顔料・染料 —— 染料

色の配合　C 43 M 25 Y 100 K 39

海松色

みるいろ

- 名前の由来――海藻の海松の色
- 好んだ人物・位――武士、文化人
- おもな用途――祝儀
- 顔料・染料――染料

色の配合

C	66	M	55
Y	83	K	0

平安の歌では「見る」と詠まれた

海松は海藻の一種で、浅い海の岩石に着生しています。伝統色としては、『万葉集』にも出てくる古くからある色で、くすんだ黄緑色と表すことができます。着物のかさねの色目でもあり、表が萌葱《もえぎ》色で裏が青、もしくは表が黒萌葱で裏が白です。

読みの「みる」から「見る」にかけて、『万葉集』や平安時代の歌に多く詠まれました。それだけ当時はなじみ深い海藻だったのでしょう。色としてだけでなく、食用としても好まれていたようです。

江戸時代に粋な茶として流行した色に「海松茶《みるちゃ》」というものがあり、海松色に茶を混ぜたような、風流のある伝統色です。

食物

海松貝は、水管にくっついてる海松を食べているように見えたことから海松食（みるくい）＝海松貝という名がつきました。寿司ネタでおなじみですね。湯通しすると淡いオレンジ色になります。

ハイカラさんに好かれた和の定番色

草《くさ》

緑は草の色。そこから、「草」というと、緑色全般を表すことができますが、伝統色の名前としては、やや暗い黄緑色のことをいいます。江戸時代の随筆『守貞謾稿《もりさだまんこう》』では、江戸の後期に流行したと書かれています。また、文明開化以降、他の色と合わせやすい草色はハイカラさんたちにも人気でした。

- 代表的な食べ物 ―― 草餅
- よく使う表現 ―― 草青む（季語）
- 別名 ―― 草葉色
- 英名 ―― グラスグリーン

色の配合　C 75 M 33 Y64 K 40

猫でもあり犬でもある柔らかな色

猫柳《ねこやなぎ》

猫柳はカワヤナギの別称です。春先になるとカワヤナギの花の穂はふわふわとした毛をつけ、それが太陽に照らされると子猫に見えることから、猫柳と呼ばれるようになったとか。猫柳はエノコロヤナギとも呼ばれます。エノコロは子犬のこと。雪の中で咲くその色は、なるほど犬の可愛い尾を思わせます。

- 名前の由来 ―― カワヤナギの穂の色
- 顔料・染料 ―― 染料
- 英名 ―― サロー

色の配合　C 15 M 10 Y 45 K 0

柳

やなぎ

- 誕生した時代 ― 平安時代
- 登場作品 ― 『源氏物語』（紫式部）
- おもな用途 ― 春の装い
- 顔料・染料 ― 染料

色の配合

C	38	M	17
Y	87	K	0

どこかミステリアスな大人の緑

柳とつく色の名前は、平安時代から日本に多く存在していました。柳、面柳《おもやなぎ》、黄柳、青柳、花柳、柳重《やなぎがさね》はかさねの色目として、柳染、裏柳、柳煤竹《やなぎすすたけ》、柳茶《やなぎちゃ》、草柳茶《くさやなぎちゃ》、柳鼠《やなぎねずみ》などは織物や染物として使われてきました。それだけ、柳の色は人々の生活になじんでいたのです。

春風になびく柔らかな柳の若緑。片時も同じさまはないほど時の流れを視覚で感じる無常さを、私たちのご先祖様は柳を通して伝えていきたかったのでしょう。

また「柳腰」は女性の色香あるしなやかな腰つきのこと。柳色はさながらミステリアスでもあり人間の気を引く緑といったところでしょうか。

植物

柳というと日本では一般的に目にするシダレヤナギを指します。春になると花を咲かせます。

ことわざ

柳の下にいつもどじょうはおらぬ

一度幸運を得たからといって、再び同じ方法で幸運を得られると考えるのは間違いという意味。

青朽葉

あおくちば

誕生した時代——平安時代
名前の由来——夏の青々しい葉が朽ちた色
登場作品——『枕草子』(清少納言)
顔料・染料——染料

色の配合

C	8	M	0
Y	80	K	35

地面に落ちたばかりの葉の色

朽葉とは、朽ちていく葉の色を描写した色名です。かつての日本人は生い茂る緑だけではなく、落ち葉にも趣を感じたのでしょう。平安期には、青朽葉、黄朽葉、赤朽葉など、およそ50色もの朽葉色があったとか。夏が終わり、徐々に移ろう秋の日々。その変化を繊細に捉え、変わりゆく葉の色から、森羅万象の哀れさ、はかなさ、そして美しさを先人は私たちに教えてくれています。

青朽葉は数ある朽葉色の中でも、落ちたばかりの葉の色。夏が過ぎて秋が深まり、厳寒の冬に向けて準備が始まる。そんなどこか寂しげで、それでいて背筋がぴんと伸びるような思いにあふれた色です。

食物

英語名はオリーブ・イエローといいます。料理やカクテルには欠かせないオリーブの実の色。

若葉《わかば》

- 誕生した時代 ―― 明治時代
- 名前の由来 ―― 新鮮な若葉の色
- おもな用途 ―― 画材
- 顔料・染料 ―― 顔料と染料両方

色の配合

C	38	M	4
Y	79	K	0

あふれ出る爽快なエネルギー

若葉は、若さを感じさせるみずみずしい緑色のことで、夏に入る前の葉の色を表現しています。夏の季語でもありますが、色名としては近代になって生まれました。また岩絵具にも若葉があります。

若葉に類似する伝統色としては、若草、若竹、若苗、若緑、若菜などが挙げられ、これらは古くから親しまれてきました。それだけ萌え出る新芽というものが、日本人の心に喜びや嬉しさといった温情を芽吹かせていたということになるでしょう。

力強さを感じさせ、かつ爽快でもある緑色。年を重ねてもなお、心身ともにいつまでも若葉のようにすがすがしい気持ちも失いたくないものです。

風景

5月ごろの森に入れば、若葉色の風景を見ることができるでしょう。

萌黄《もえぎ》

成長を感じさせるうら若い色

英語では「グリーン」を成長という意味でも使います。萌黄の緑には、今まさに誕生して、すくすくと成長していく生命の躍動感が感じられませんか。『平家物語』では、若武将の鎧の色として萌黄が登場します。
「萌木」「萌怱」と書くこともあり、また、「もよぎ」と読むこともあります。

- 誕生した時代 —— 平安時代
- おもな用途 —— 春の装い
- 顔料・染料 —— 染料
- 別名 —— 萌木、萌怱

色の配合　C 38　M 0　Y 84　K 0

若苗《わかなえ》

お米をもたらしてくれる神様への感謝の表れ

日本人の原風景といえる春の田植え。若苗色は、植えたての稲の苗が由来です。「若苗」、「苗色」は、どちらも夏の着物のかさねの色目。若苗は表も裏も淡い木賊。苗色は表は淡青で裏は黄。二つの色名の生まれた時代には違いがありますが、神様からの授かりものであるお米への感謝が表された色といえます。

- 誕生した時代 —— 平安時代
- 名前の由来 —— 植えたばかりの苗の色
- 登場作品 —— 『源氏物語』（紫式部）
- 顔料・染料 —— 染料

色の配合　C 23　M 1　Y 91　K 0

常磐色

ときわいろ

常緑樹のエネルギーあふれる大自然色

常磐には「常に変わらない岩のよう」という意味があり、松や杉のような常緑樹の葉の色を指して、長寿、繁栄などを祈念してつけられた伝統色名です。兵庫県の六甲山では、常磐色の色彩を楽しむことができます。電車内から見る展望は格別で、特に初春の霞がかった常磐色は、時を忘れるほどの美しさです。

- 誕生した時代 ── 平安時代
- 名前の由来 ── 常緑樹の葉の色
- よく使う表現 ── 不老長寿のシンボル
- 顔料・染料 ── 染料

色の配合　C 69 M 0 Y 100 K 38

青竹色

あおたけいろ

若竹色よりも少し静穏な印象

若竹にくらべると、いくぶん緑が深く、静穏な印象がある色です。竹をモチーフにした色には、煤竹《すすたけ》、老竹《おいたけ》などもあります。竹の状態によってそれぞれ表現された色名があるのは、それだけ竹の色が日本人の心を安らかにしてくれるからでしょう。初夏、京都の嵐山の竹林を訪れると、それがよくわかります。

- 誕生した時代 ── 江戸時代
- 登場作品 ── 『竹』(萩原朔太郎)
- 顔料・染料 ── 染料
- 英名 ── マラカイトグリーン

色の配合　C 73 M 10 Y 58 K 0

食用や薬用にもなる 春の清爽な緑

蓬《よもぎ》

夏の着物のかさねの色目としても名前が残っている色の草で、春になると日本中のあらゆる場所に自生します。

蓬餅にして食べたり、その解毒作用から冷え症や腹痛などの薬として使ったり。蓬色は日本人の幸せと健康の味方として、古くから私たちに寄り添ってくれていた色なのです。

- 誕生した時代 —— 平安時代
- 名前の由来 —— 蓬の葉の色
- 代表的なモノ —— 蓬餅
- 顔料・染料 —— 染料

色の配合　C 47　M 0　Y 28　K 40

未来への希望を感じる まだ淡さのある緑

若竹色《わかたけいろ》

若竹とは、その年に生え出てきた竹のこと。新竹《しんたけ》とも、今年竹《ことしだけ》とも呼ばれます。竹の子の皮がすべて落ちた後、すくすくと背を伸ばしていくときの黄色みがかった緑です。成長が早くまっすぐと伸びる竹は、生命力の象徴。まだ淡さの残る若竹の緑色には、これから力強く生きようとする凛然とした信念が感じられます。

- 誕生した時代 —— 明治〜大正時代
- 名前の由来 —— 若い竹のような色
- おもな用途 —— 着物
- 顔料・染料 —— 染料

色の配合　C 55　M 0　Y 49　K 0

亜麻色《あまいろ》

和魂洋才時代に生まれた髪を表現する色

亜麻が原料の糸の色。亜麻はアマ科の一年草で、種子からしぼる亜麻仁油は良質な乾性油として知られています。色味としては、黄色がかった薄茶。文明開化から西欧文化が多く入る「和魂洋才」の時代に生まれた色です。ドビュッシーの「亜麻色の髪の乙女」のように、西洋では薄い金髪を表す色としても使われます。

- 誕生した時代 ── 明治時代
- 名前の由来 ── 植物の亜麻の色
- よく使う表現 ── 亜麻色の髪
- 顔料・染料 ── 染料

色の配合　C 16 M 32 Y 47 K 0

早蕨《さわらび》

春の訪れ香る蕨の若芽の色

「早蕨」とは、芽を出して間もない蕨の色です。色の名前としては有名ではありませんが、食卓にのぼる蕨のあの緑を覚えているという人は多いのでは？ その色は、やや黄色がかったにごりのあるしぶい緑になります。

春のかさねの色目の一つで、表は紫で、裏は青とされています。

- 誕生した時代 ── 平安時代
- 名前の由来 ── 蕨の生え始めの色
- 登場作品 ──『古今和歌集』
- 顔料・染料 ── 染料

色の配合　C 8 M 0 Y 80 K 50

藤黄

とうおう

- 誕生した時代 —— 奈良時代
- 代表的なモノ —— 春慶塗《しゅんけいぬり》
- 顔料・染料 —— 顔料
- 別名 —— 雌黄《しおう》、ガンボージ

色の配合

C	0	M	9
Y	90	K	5

日本画家に好まれた味わいある黄色

藤黄は東南アジア原産で、オトギリソウ科の常緑高木です。日本の伝統色としては、渋みのある黄色として日本画を彩る際などに使われてきました。

その成分は藤黄の樹皮を傷つけることで得られる樹脂で、これは顔料を扱う商人や職人の間ではガンボージと呼ばれています。一般向けに販売する際には、この樹脂の液を乾燥させた塊を砕き、小分けにして販売するのが一般的です。

塊になっている状態の樹脂は茶褐色ですが、絵具などでは水と合わせることで乳濁液となるため、透明感がありつつも、深みもしっかりと残った黄色となります。創作意欲を駆り立ててくれる味わいある色合いです。

食物

藤黄色は、和菓子にもよく用いられる色。
写真のお菓子は「黄身しぐれ」といいます。

黄朽葉《きくちば》

- 誕生した時代――平安時代
- 名前の由来――黄葉の朽葉の色
- 代表的なモノ――木々の葉の色
- 顔料・染料――染料

色の配合

C	25	M	32
Y	77	K	0

平安から残る黄色の強い朽葉色

「青朽葉」の項で、朽葉色にはさまざまな色があると書きましたが、黄朽葉もその一つ。朽葉色の中でも黄色みの強い色です。平安朝の時代につけられた色名で、平安時代中期に書かれたとされる『宇津保《うつほ》物語』に登場します。

かさねの色目としてもなじみが深く、朽葉というくらいですから、当然、秋に着る色です。ちなみに地色が朽葉色に染まっている布のことを朽葉地といい、こちらも秋の装いによく似合います。

いろいろな朽葉色を魅せてくれるのは落葉樹。葉は緑色から、紅色、黄色と色づき、そして散っていく。最後まで紅葉を謳歌して人々の心に彩りを灯すなんて素敵ですね。それが朽葉色なのです。

植物

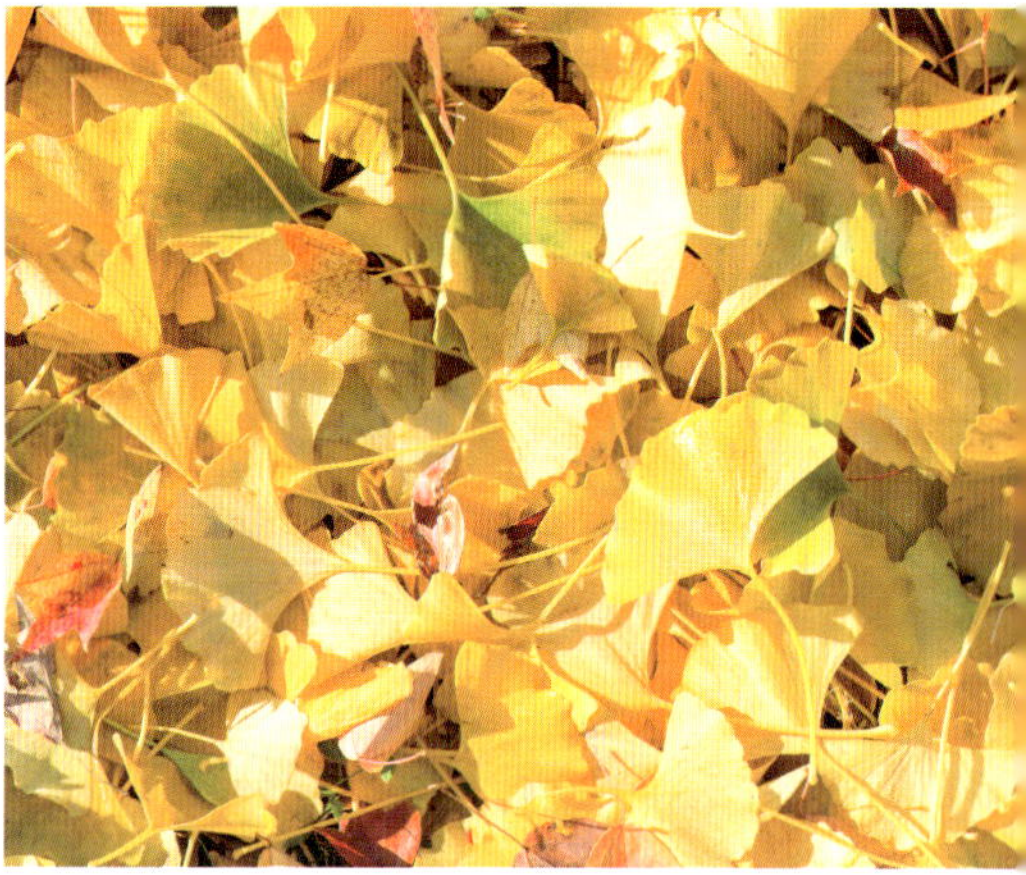

黄色い落ち葉が名前の由来です。
平安時代に名づけられました。

ものいわぬ色は淡いオレンジ

梔子色

くちなしいろ

梔子色というと、白と思う人は多いのではないでしょうか。確かに梔子の花は純白ですが、伝統色の名前としては、梔子の実で染められた薄めの橙色をいいます。果実が熟しても口を開かない梔子の語源にちなんで、ものいわぬ色といわれることも。甘酸っぱい想いを胸に秘めている人は、この色を味方にしてみては？

- 誕生した時代 ── 奈良時代
- おもな用途 ── 黄丹《おうに》の下染
- 登場作品 ── 『延喜式《えんぎしき》』
- 顔料・染料 ── 染料

色の配合　C 0 M 21 Y 62 K 0

刈りやすい植物から採れる染料

刈安

かりやす

奈良時代から色名が残る明瞭な黄色です。その名のとおり、刈りやすい植物から採れる色。他の染料と合わせることによって緑や紫なども生んだため、多様化していきました。五行説の中で黄色は中央の色なので、中国では皇帝が着る色とされていた時代もありますが、日本においては禁色ではなかったようです。

- 誕生した時代 ── 奈良時代
- 名前の由来 ── 刈安で染められた色
- 顔料・染料 ── 染料

色の配合　C 0 M 20 Y 98 K 0

檸檬

れもん

- 誕生した時代――大正時代
- 登場作品――『檸檬』（梶井基次郎）
- 顔料・染料――顔料
- 英名――レモンイエロー

色の配合

C	7	M	13
Y	83	K	0

モダン文化を象徴する元気をくれる色

日本の色としては新しい部類に入るもので、明治維新の後にできました。化学的顔料であるクロームイエローという色が西洋で誕生し、これを取り入れることで檸檬色の絵具が生まれました。檸檬のビビッドな黄色は、見ているだけで元気をもらえそうですね。檸檬の果実に多く含まれているクエン酸には、疲労回復の効能があるとされており、食することでも元気になれます。

梶井基次郎の『檸檬』は、京都を舞台にした小説ですが、発表された大正後期は、西洋からさまざまなものが持ち込まれました。檸檬色は、そんなモダン文化の始まる黎明期を代表する色の一つです。

文学

大正時代に発表された梶井基次郎の代表作『檸檬』。日本文学を代表する傑作ともいわれています。
（新潮社文庫刊）

飲物

レモン汁と砂糖、炭酸水を混ぜたレモンスカッシュは谷崎潤一郎の『痴人の愛』にも登場します。

鬱金《うこん》

誕生した時代——桃山〜江戸時代
色の産地——インド
代表的な食べ物——香辛料
顔料・染料——染料

色の配合

C	0	M	30
Y	90	K	0

漢方薬としてもおなじみの鮮黄色

ウコンはアジア熱帯原産で、ショウガ科の多年草。インド料理などのスパイスによく使われるターメリックのことです。根茎はお酒を楽しむ前に飲むと悪酔いを防いでくれる漢方としておなじみですね。インドの伝統的医学、アーユルヴェーダでは、肝臓の働きをよくするとして、摂取をすすめています。また、止血薬としても用いられることもあります。

伝統色としての鬱金が流行したのは、江戸時代。活発なものにあふれた元禄文化において、はっきりとした黄色は派手好きの商人や町人たちが好みました。琉球紅型は沖縄の伝統的な染物ですが、その力強い黄色も鬱金で染めているものが多くあります。

植物

ウコンは紀元前からインドなどで栽培されてきました。

食物

ウコンが使われる食べ物といえば、日本人の国民食といっていいカレーライス。

橘（柑子《こうじ》）

たちばな

- 誕生した時代 ── 平安時代
- 名前の由来 ── 橘の実の色
- 登場作品 ── 『鼻』（芥川龍之介）
- 顔料・染料 ── 染料

色の配合

C	0	M	40
Y	75	K	0

雛飾りにも用いられるめでたい黄色

橘は柑橘類の総称を表す言葉である一方、ニホンタチバナという日本原産の柑橘類を指すのが一般的です。ニホンタチバナは日本で初夏に白い花を咲かせ、冬になると、ミカンによく似た果実をつけます。この果実の鮮烈な橙色を表しているのが橘色です。芥川龍之介の『鼻』などでは、柑子の名で帽子の色として取り上げられています。

かつて、ニホンタチバナの実は食べると不老不死になれると、珍重されました。平安京内裏の正殿で、朝賀や公事を行っていた紫宸殿の右近の橘と左近の桜は、一緒にお雛様の段飾りに取り入れられました。そんな大変におめでたい色でもあるのです。

植物

初夏になると白い五弁花を咲かせる橘。

土筆

つくし

- 誕生した時代——近代
- 名前の由来——土筆の色
- おもな用途——食品
- 顔料・染料——染料

色の配合

C	25	M	50
Y	45	K	10

明るい茶色が春の訪れを伝える

初春を迎えると、スギナの胞子茎が地面に顔を出します。これが「土筆」です。土中からにょっきりと伸び出てくるその姿が筆に似ていることから、土の筆という字があてられました。

土筆色は、春の訪れを知らせる明るめの茶色。子どもの頃、冬が終わってぽかぽかと暖かくなってきた野原や河原で遊んでいると、この色の土筆をたくさん見ることができたのを覚えている方もいるのではないでしょうか。

土筆は食用としても親しまれました。佃煮、揚げ物、卵とじ、そして白和えなど。しゃくしゃくとした歯ごたえはもちろん、その自然味あふれる色は目にもおいしいですね。

食物

春になると芽を出す土筆は、春の山菜の代表として佃煮などにして食べられてきました。

活力のあるオレンジは子孫繁栄の象徴

橙《だいだい》

橙は橘と同じ常緑樹。インド・ヒマラヤを原産とし、エネルギッシュなオレンジ色の実は完熟しても木になり続けることから、途絶えないもの＝子孫繁栄を表す縁起のよいものとして例えられてきました。橙の色は、黄色と赤の中間に位置する色合いの代表的存在です。英語名でいうところのオレンジになります。

- 名前の由来 —— 橙の実の色
- 登場作品 —— 『妄想』（森鷗外）
- 英名 —— オレンジ
- 顔料・染料 —— 顔料と染料両方

色の配合　C 0　M 63　Y 100　K 0

最上級の遊女が用いたアダルトな伝統色

栗梅《くりうめ》

栗の実に見立てた栗色に、梅の木染をこらした伝統色で、栗色よりも赤みの濃い茶色のこと。江戸時代、貴人などのお相手をつとめた太夫（最上級の遊女）が好んで用いたとされる垢抜け感のある色です。女性の魅力を引き立てる色ですが、家具などにも用いられる安らぎがある色でもあります。

- 誕生した時代 — 江戸時代
- 名前の由来 — 梅の幹で染めた栗の皮の色
- 好んだ人物 —— 江戸の庶民
- 顔料・染料 —— 染料

色の配合　C 52　M 77　Y 82　K 0

色のイメージはわんぱくな男の子

団栗

どんぐり

団栗は櫟《くぬぎ》（古名・橡《つるばみ》）、樫《かし》、椎《しい》、柏《かしわ》、栃《とち》、楢《なら》などの木の実のことを指します。

団栗は、これらの実や樹皮で使われる黄みのある茶色を表す伝統色です。『どんぐりころころ』は大正時代につくられた有名な童謡ですが、この歌に出てくる団栗は、やんちゃな男の子のよう。そんな微笑ましい秋色が団栗色です。

- 名前の由来 —— 団栗の皮の色
- おもな用途 —— 秋の装い
- 顔料・染料 —— 染料

色の配合　C 0　M 44　Y 70　K 60

紙染にも使われた胡桃の実の淡茶

胡桃

くるみ

奈良時代から、胡桃の皮を使った染料として使われてきた色名です。胡桃の実のような色で、昔は紙を染める際にも用いていたとか。清少納言の『枕草子』では、見た目は普通なのに漢字で書くと大げさだといわれていますが、胡の国から入ってきた桃のような実と考えると、語源をそのまま表しただけにも思えますね。

- 誕生した時代 —— 奈良時代
- 名前の由来 —— 胡桃で染めた色
- おもな用途 —— 染紙、秋の装い
- 顔料・染料 —— 染料

色の配合　C 33　M 43　Y 58　K 0

建物や家具に多く使われたなじみ深い色

煤竹茶《すすたけちゃ》

「煤竹」は囲炉裏で燻された竹の色。左の「銀煤竹」も、より渋みが強いのが特徴です。古くから日本の建築物や家具に用いられてきた色ですので、煤竹の中でも特になじみ深い色ではないでしょうか。

派手な色彩を禁じられていた江戸では、庶民は煤竹茶のような地味な色合いを装いの中に多く取り入れていました。

- 誕生した時代 ― 江戸時代
- 名前の由来 ― 煤を払う煤竹の色
- 好んだ人物 ― 江戸の庶民
- 顔料・染料 ― 染料

色の配合　C 0　M 30　Y 30　K 72

茶人に愛された侘び寂びの色

銀煤竹《ぎんすすたけ》

江戸時代から染物など多くの品々に愛用されてきた色です。囲炉裏の近くに備えられていた竹が、煙の煤で茶褐色に色づいたのが語源。侘《わ》び寂《さ》びのある色合いを茶人たちが好み、緑がかった柳煤竹など「〜煤竹」という色が多く生まれました。銀煤竹は、明るい煤竹色ということで「銀」の字がつきました。

- 誕生した時代 ― 江戸時代
- 名前の由来 ― 明るい煤竹の色
- おもな用途 ― 着物
- 顔料・染料 ― 染料

色の配合　C 51　M 59　Y 71　K 0

小豆色

あずきいろ

- 誕生した時代――江戸時代
- 名前の由来――小豆の色
- 好んだ人物――江戸の庶民
- 顔料・染料――染料

色の配合

C	0	M	60
Y	45	K	45

阪急マルーンの親しみある赤茶

小豆の赤みを含んだ茶色のことです。小豆の原産地は東アジア。あんこや和菓子など、主に食用として古くから栽培されてきました。ほかにも、お手玉や枕の中に入れたり、楽器にしたりと、日本人の生活に欠かせない豆類の一つです。

関西に住む人は、小豆色というと、京阪神地区を代表する私鉄・阪急電車の色を思い浮かべるのではないでしょうか。阪急電車を染める小豆色に近いあの色は「阪急マルーン」という色名で、その色合いは100年以上も変わらないそうです。当初は高級感のある色として採用されたそうですが、子どもの頃からこの電車に乗っている人にとっては、日常を彩る色として今も親しまれています。

乗り物

関西地方を走る阪急電車。人々の足となっている列車の色は小豆色に近いです。

食物

小豆からつくられるあんこは、饅頭、団子といった和菓子に欠かせません。

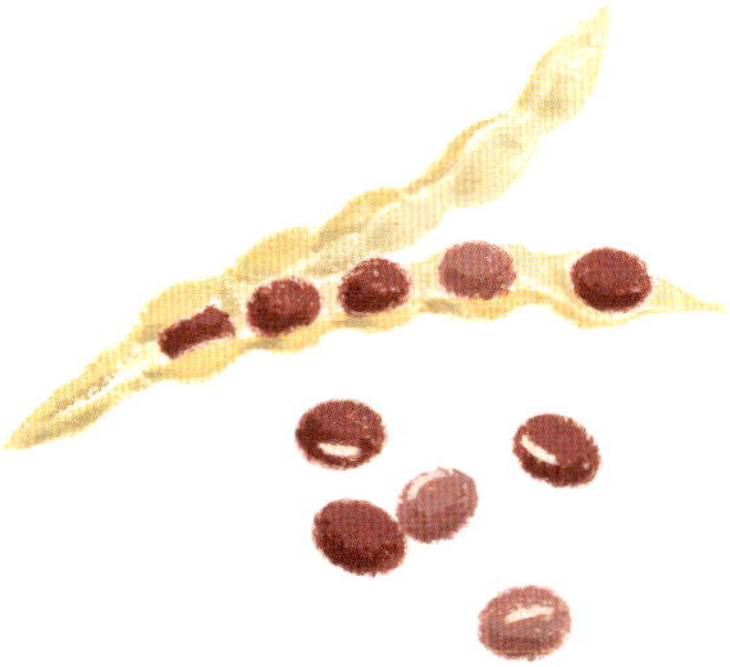

橡色

つるばみいろ

- 誕生した時代 —— 奈良時代
- 名前の由来 —— 団栗の色
- 代表的なモノ —— 橡墨染《つるばみすみぞめ》
- 顔料・染料 —— 染料

色の配合

C 40	M 65
Y 68	K 0

高貴な者が身につけた表情を変える色

かつては櫟《くぬぎ》のことを「橡《つるばみ》」といいました。櫟の木は高級な薪炭に、樹皮や実は打ち身や血の巡りに効果があるとされ、薬や染料として古くから利用されていました。色は、櫟や樫の木の実のような、団栗色よりほんのりと赤らんだ茶色。団栗のかさの煮汁で染めた色とも表されます。

平安時代に書かれた『延喜式《えんぎしき》』にも登場する橡色には、白橡、黄橡、赤白橡、青白橡などの種類もあり、これらは光の違いによって、透過する色に繊細な味わいを放ちます。

その色合いに、かつての人々はなんとも雅《みやび》な魅力を感じたのでしょう。平安時代には高貴な身分の者のみが着用を許される色でした。

植　物

団栗は、橡（櫟）などの実のこと。食用には適しませんが、椎の実だけは食用にされることもあります。

◀橡色は、刀鞘の色に使われます。

香色（丁《ちょう》子《じ》色《いろ》）

こういろ

- 誕生した時代――平安時代
- 名前の由来――丁子の樹皮で染めた色
- 好んだ人物――貴族
- 顔料・染料――染料

色の配合

C 13	M 35
Y 51	K 0

香りで男女を結びつけた色っぽい色

丁子や香木で染められた色。現在でいうところのベージュのような伝統色です。丁子や香木で染められるため、色はもちろんですが、香りもつけてくれます。「香染」といい、平安朝の王朝貴族にこの色が愛されたのは、彼、彼女らがこのような香染を重要視していたからと考えられます。

清少納言の『枕草子』でも、香染がたびたび登場します。彼女が考える魅力的な人は、男女ともにファッションのセンスがよく、芳香を漂わせることが条件でした。当時は視覚きかない闇夜での逢瀬が多く、よい香りで心を引き寄せられて結ばれる時代だったからでしょう。一方、お坊さんの法衣にも使われている、格式の高い色でもあります。

植物

丁子は、アジアの熱帯で栽植され、英語ではクローブといいます。

食物

干した丁字はカレーやチャイなどにスパイスとしても使われます。

黄櫨染

こうろぜん

- 誕生した時代 —— 平安時代
- 好んだ人物 —— 天皇
- おもな用途 —— 天皇が儀式で着る袍《ほう》の色
- 顔料・染料 —— 染料

色の配合

C 41	M 56
Y 71	K 0

かつては天皇のみが使えた絶対禁色

櫨《はぜ》はウルシ科の落葉高木です。暖かい場所の山地に自生する植物で、初夏になると黄緑色の花で、そして秋には紅葉で人々の目を楽しませてくれます。

平安の時代から、櫨の木の煎汁に灰汁などで混染した黄櫨染の衣服は、天皇が晴れの日に着用すると定められた高貴な色でした。平安時代の法令集である『延喜式』の染色材料の章では最初に書かれており、天皇以外の者は使うことのできない絶対禁色とされていた色です。

匠の技によって生み出される櫨の色合いは、太陽の輝きを再現するかのように、光の微妙な違いによって、その表情を大きく変えるメタメリック現象が特徴です。

植物

黄櫨染は、櫨の樹皮からつくられます。
また櫨は秋の季語でもあります。

かつて「えびいろ」と呼ばれた葡萄の果実の色

葡萄色《えびいろ》

平安時代に生まれた色ですが、当時は現代のように「ぶどういろ」ではなく「えびいろ」と呼び、山葡萄の色合いを表していたそうです。近代に入って「えび」は海の海老を連想するということから、区別するために「ぶどういろ」と呼ぶのが一般的になりました。熟した葡萄の芳醇な香りが漂いそうな色ですね。

- 誕生した時代 — 平安時代
- 名前の由来 — 山葡萄の色
- 登場作品 — 『延喜式《えんぎしき》』
- 顔料・染料 — 染料

色の配合　C 69　M 78　Y 48　K 0

梅由来の新しい赤紫色

梅紫《うめむらさき》

梅の幹から染色する梅染が由来で、近代になってできた、比較的新しい色といえます。プラムの皮や、梅干しづくりに使う赤紫蘇の色に似た、頭に思い描いただけで口の中が酸っぱくなってくるような色です。梅の花に紫を加えてみたらこのような色になりそうだと思いませんか？

- 誕生した時代 — 明治時代
- 名前の由来 — 梅の幹で染めた紫色
- 代表的なモノ — 梅染
- 顔料・染料 — 染料

色の配合　C 38　M 73　Y 42　K 0

紫式部

むらさきしきぶ

- 名前の由来 ― 平安時代の作家、紫式部
- おもな用途 ― 秋の装い
- 顔料・染料 ― 染料

色の配合

C	20	M	80
Y	0	K	40

『源氏物語』の紫式部の聡明さを表す

『源氏物語』の作者といえば、紫式部。彼女の名にちなんでつけられた植物の色を表す伝統色です。植物の「ムラサキシキブ」は、クマツヅラ科の落葉低木で、夏になると淡い紫色をした小さな花を開かせ、また、秋になると丸々とした小さい実をつけます。実の色は名の由来になった品のある紫です。

作家・紫式部が『源氏物語』を書いたのは、平安中期のこと。彼女はこの新しい物語を書くにあたって、現在の滋賀県にある石山寺にこもりました。後年、石山寺の庭のそこかしこに生い茂る植物の雅やかな紫色を、聡明な紫式部に見立てて、この名前がつけられたと伝えられています。

文学

平安時代を代表する作家、紫式部。日本文学の最高傑作ともいわれる『源氏物語』の作者です。
『源氏物語絵巻』(国立国会図書館デジタルコレクション)

殺菌作用もある
紫蘇の葉の赤紫色

紫蘇《しそ》

紫蘇の葉の色で、赤みを帯びた暗めの紫です。紫蘇はシソ科の一年草。アカジソ、アオジソなどの種類があり、いずれも鮮烈な香りが特徴です。紫蘇の「蘇」はよみがえるの意味で、健康を良好な状態に戻すこと。お刺身の薬味として使われるのは、そのフレッシュな色だけでなく、殺菌作用が期待されてのことです。

- 名前の由来 ——∘ 赤紫蘇の葉の色
- 代表的な食べ物 —∘ 赤紫蘇、青紫蘇
- 顔料・染料 ——∘ 染料

色の配合　C 74　M 88　Y 45　K 9

葱の葉を思わせる
すがすがしい青

浅葱《あさぎ》

浅葱は、ネギの葉のような清康な青色です。江戸時代には、同じ読みで「浅黄」と表されていました。それより以前、平安時代の法令集『延喜式《えんぎしき》』では、浅黄は淡い黄色をいいまぎらわしいため、近代では「浅葱」が使われることが多くなりました。藍染では浅い段階の色合いを表す言葉でもあります。

- 誕生した時代 —∘ 平安時代
- 登場作品 ——∘『太平記』
- 好んだ人物 ——∘ 武士
- 顔料・染料 ——∘ 染料

色の配合　C 80　M14　Y 27　K 0

column④

口福を奏でる

京野菜の色

四季

京都でつくられ、京都ならではの魅力をもち、彩り豊かな食卓にしてくれる京野菜たち。色はまさしく身体への効能を表しています。

寒咲菜種《かんざきなたね》

見てよし、食べてよしの可愛らしい花

古くから京都・伏見桃山付近で栽培される食用の菜花です。寒い冬に花が咲くことから、かつては冬の切花として育てられていました。小さく可愛くありながら目の覚めるような色で、大地の力強さも感じさせる花は、京都の人々に広く親しまれていたようです。

食用の場合はおひたしや辛子和えのほか、漬物にすることが多く、つぼみがふくらんだ頃に摘んで漬けた「菜の花漬け」はこの地域の味として親しまれています。

◀鮮やかな黄色と緑。色よし味よし寒咲菜種。

桃山茗荷《ももやまみょうが》

春の見立ての膳を彩る

筆のような形状と、淡い桃色が特徴。香りがよく、風味柔らかで、歯ごたえのいい桃山茗荷は、春の京料理の引き立て役です。

桃山茗荷は江戸時代、京都・桃山江戸町（現在の伏見区桃山のあたり）で冬の肥料分に富んだ17～24℃の温かい地下水を使って栽培が始まりました。

当時は多数の農家が栽培していましたが、現在では数件の農家が残るのみとなっています。

魚の塩焼きに添えたり、そのまま天ぷらにしてもとても美味です。

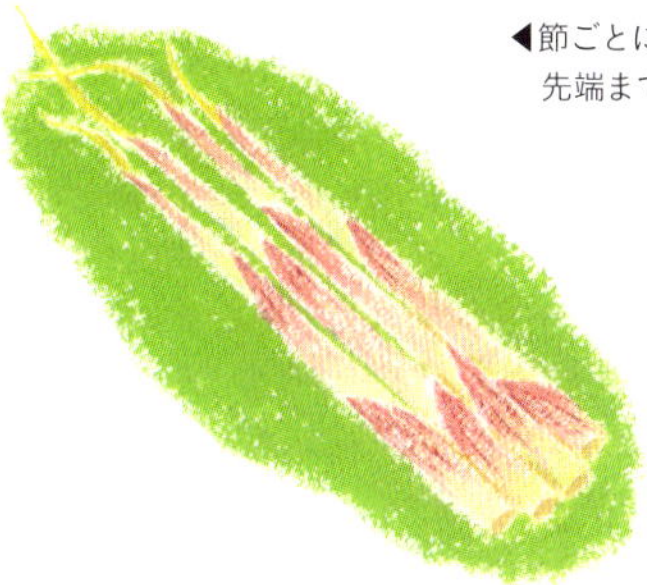

◀節ごとに美しい紅の濃淡色が先端まで繰り返されます。

京独活《きょううど》

新鮮な白が春の訪れを伝える

京都の独活は「京うど」または「桃山うど」と呼ばれ、春の食卓によくあがる野菜です。独活は大昔から日本各地に自生していた植物ですが、京都では江戸時代に堀内村字六地蔵（現在の伏見区六地蔵）で作づけが始まりました。土を盛って遮光して栽培し、軟化させるのが京独活の特徴。一般的な独活に比べると、太短く不格好ですが、真っ白な茎は食卓に新鮮な彩りを与えます。さくさくとした歯ごたえと独特の香りが楽しめ、酢の物やきんぴらがおすすめです。

◀太短く、スマートではないが香り高く絶品。

芋茎《ずいき》

赤、白、青と色も豊富な芋茎

サトイモの葉柄をズイキと呼び、保存食として親しまれています。「芋苗」と表記することもあります。品種によって茎の色が違い、赤ズイキ、白ズイキ、青ズイキの3種類に分けられ、食用としてもっとも多く出回っているのは赤芋茎。スポンジ状で水分をよく吸うので、出汁《だし》や甘酢を含ませたお料理が向いています。灰汁《あく》を抜いて煮物、和え物、酢の物などにして楽しみます。赤芋茎の色をより楽しみたいのなら酢の物がおすすめ。酢を使うことで、一層鮮やかな紅色になります。

▲酢の物にするとさらに鮮やかな紅色に。

五穀豊穣を感謝する「ずいき祭」

京都市上京区にある北野天満宮では、毎年10月に「ずいき祭」が行われます。御祭神菅原道真公が秋の収穫時に野菜や穀物をお供えしたのが始まり。平安時代から続く、京都の代表的な秋祭りです。

祭りの中では「ずいき御輿」という野菜、乾物等で趣向をこらした絢爛華美な御輿が巡行します。屋根はずいき芋で葺《ふ》き、胴体の各部はすき間もなく穀物や野菜、湯葉《ゆば》、麩《ふ》などの乾物類で覆われた、ユニークな御輿です。これを担ぐことにより一年の収穫に感謝の誠心を捧げます。

時無大根

ときなしだいこん

藤七大根の品種改良により誕生

時無大根のルーツは、小山藤七という人が晩生種のダイコンの種子を得て育て販売した「藤七大根」。この藤七大根が世の中に広まる中で、浅漬用の南禅寺大根との交配が行われたことで時無大根が生まれました。藤七大根とは形質が大きく異なり、栽培期間が短く「花不知《はなしらず》早太《ときぶと》り時無《ときな》し大根」といわれたことから、「時無大根」と呼ばれるようになったようです。

ぴりっと辛い、真っ白な大根

多くの場合、時無大根は低温の影響から野菜を守りながら栽培する「トンネル栽培」でつくられます。形状は普通の大根と似ていて、根の長さは45センチほど。直径6~8センチほどとなります。鮮度のよい淡青緑の葉、真っ白な根の調和は素晴らしいものがあります。

冬大根には、寒さに育てられた旨味がたっぷり閉じ込められています。おろし金でおろして真っ白で美しい大根おろしに使えば、ぴりっと辛いので料理の味色ともにアクセントになります。

◀早太りで良質な時無大根は肉質が軟らかです。

莢豌豆

さやえんどう

みずみずしい緑色が食欲をそそる

京都市内には多くの莢豌豆農家があり、6月上旬が旬。莢ごと食べられる品種と、莢が硬く、豆だけを食べる品種とがあり、前者を莢豌豆、後者を実豌《みえんどう》豆と呼びます。みずみずしい緑色は食欲をそそり、おばんざいに飾りとして添えるだけで華やかな一品に変身させる名脇役です。茹でてそのまま食したり、炒め物にしたり、和え物にしたり。ひと噛みすれば春の緑々しい香りとともに、清々しい季節を感じられます。

◀薄緑色が美しくちらし寿司などの彩りにもおすすめ。

蓴菜

じゅんさい

器の中できらきら輝く緑の水草

蓴菜は湖沼に生ずる水草で、世界では北アメリカ、西アフリカ、オーストラリアなどの熱帯性気候の各地に分布。日本でも歴史は古く、『古事記』や『日本書紀』にも記されていました。貞享元（1684）年の地誌『雍州府志』には、「蓴菜は京都のものが最高である」と書かれています。若緑の芽と茎が透き通る寒天状の膜に包まれ、器の中できらきら輝き夏の涼を与えてくれます。汁物のほか、おろし和え、酢味噌和えなどにしてプリプリする歯ごたえとつるっとした独特の食感を楽しみます。

◀淡白な味とつるっとした舌触りは夏の風物詩。

八幡牛蒡《やはたごぼう》

大地の恵を表す茶色

八幡地区で栽培されたゴボウです。八幡がゴボウの名産地となったのは、土質がゴボウにもっとも適していたため。元禄9（1696）年の『農業全書』には、「牛蒡は細軟砂の地に宜し」とあり、八幡の上質な細砂の土はゴボウづくりに最適でした。

料理では「八幡巻き」が有名です。かつて八幡では来客に対して八幡牛蒡に鮒《ふな》を添え、それを昆布に巻いたものを饗応する風習がありました。その後、ゴボウに鰻を巻いたものに変化し、さらに現在ではアナゴや牛肉で巻いたものも一般的になりました。

◀肉とも魚とも相性がいい八幡牛蒡。

捥ぎ茄子《もぎなす》

見ているだけでキュンとする小型茄子

捥ぎ茄子は、一口サイズの卵形のナスで、果皮は紫黒色。へたの下から白色がちらっと覗き、とてもかわいらしいビジュアルです。皮が薄く、肉質は柔らかく、一口サイズのナスとして漬物などによく使われます。見た目がとても上品なので、天ぷらや、椀物にすると料理が映えます。

慶応年間に聖護院で在来種の促進栽培を進める中で、偶然に出現した背丈の低いナスが、この捥ぎ茄子。育苗の中で栽培したものを捥ぎ取ったので「捥ぎ茄子」という名前が生まれました。

◀調理しても皮にしわがよりにくく、愛らしい見た目をキープ。

山科茄子

やましななす

鮮度のよい間に火を通すと深みを増す紫

味がいいナスとして明治時代に京都各地に広がった「山科茄子」。昭和の初め頃には京都市内で栽培されるナスの6～7割を占めるほどだったとか。肉質が軟らかく長期保存や輸送に向かないため、ほとんどが京都府内で消費されます。地元では、ニシンとの炊き合わせ、「ナスとニシンの炊いたん」が定番料理。黒に近い深い紫は、火を通すことで光沢を帯び、より深味のある色合いが食欲をそそります。

▼収穫直後はきれいな紫色。変色しやすいので新鮮なうちに。

丹波栗

たんばぐり

献上品にもされた栗の最高品種

実りの秋の代表格ともいえるのが「丹波栗」。大粒で色艶がよく、料理に使っても煮崩れしないのが特徴。締まった果肉には甘味と芳醇な香りがぎゅっと凝縮されており、栄養分も豊富です。『延喜式《えんぎしき》』には、京の都に献上されたとの記録があり、古くから最高級の栗とされていたことがわかりました。

江戸時代には年貢米の代わりにもなりました。「栗色」とは、栗で染めた色のことではなく、栗の実の表皮の色を例えたものを表すことが多いです。落ち着きのある色合いで、秋冬の装いに取り入れると、栗のように温もり感を醸し出すことができます。

▶焼き栗や栗ご飯などほっこり美味なレシピがたくさん。

松茸

まつたけ

京野菜を代表する秋の味覚の王様

「秋の味覚の王様」とも呼ばれるマツタケも、京野菜を代表するものの一つ。長野、岩手、岡山などと並び、京都もマツタケの産地として有名です。収穫時期は9~10月。秋の入り口です。ただ、俳句においては晩秋の季語とされています。

日本におけるキノコ類の食文化の歴史は非常に古く、縄文時代中期（紀元前2000年頃）の遺跡からも、すでに当時からキノコを食物として利用していたことを示す「キノコ形土製品」がいくつも発見されています。

また、『日本書紀』には応神天皇に「茸」を献上したことが記されているほか、『万葉集』にもマツタケに関する短歌があります。平安時代には貴族たちがマツタケ狩りを季節の行事として楽しむようになりました。

「シロ」とコントラストを成す茶色

マツタケができる土壌のことを「シロ」と呼びます。その由来は、「白」「城」あるいは「代」など、さまざまな説があります。シロの地下にはマツタケの本体である菌糸体が育つ場所があり、その地表は確かにうっすらと雪をかぶったように白くなっています。

そこにコントラストを成すように淡い茶色に輝くマツタケは神々しく高貴な香りとともに豊潤の秋色で魅せてくれます。

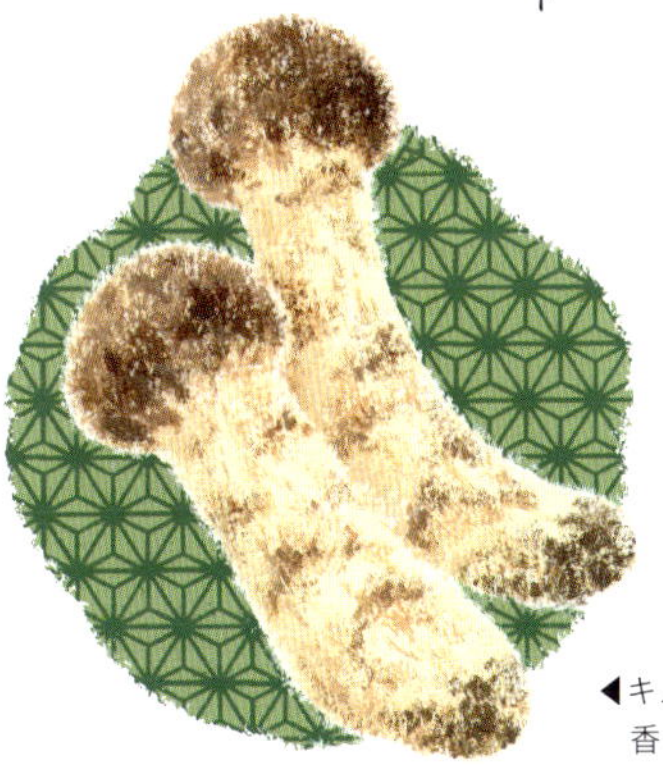

◀キノコの最高峰である松茸。旬の香り高い風味は抜群です。

酸茎《すぐき》

乳酸菌によりつけられる色味

京都では「すぐき」といえば、野菜としてのスグキを指すだけではなく、「すぐき漬け」のことも意味します。「すぐき漬け」は、千枚漬け、しば漬けと並んで「京都三大漬物」にも数えられる、冬の京都の代表的な漬物です。材料はスグキと塩だけですが、乳酸菌の発行作用により、酸味と旨味、色味が生まれます。葉や茎はべっ甲色やあめ色がかった緑になり、カブラは黄色がかった乳白色になります。

▼代表的な京漬物である酸茎菜は自然な酸味が特徴。

鹿ケ谷南瓜《ししがたにかぼちゃ》

甘みさえも感じさせる温かい色

昔から京都では「おかぼ」と呼び、人気のある京野菜。ひょうたんに似た面白い形をしており、それでいてどこか気品があります。江戸時代に津軽を旅した東山の農民が持ち帰ったものがその始まりとされています。食材としてはもちろん、形の面白さを生かして画材として利用されることも。皮には緑や橙色など違いがありますが、実はすべて黄色が強い橙色。ほんのりと甘味さえ感じさせる温かい色です。

◀煮崩れしにくく出汁《だし》をしっかりと吸うので、煮物におすすめ。

金時人参《きんときにんじん》

リコピンによる深い真紅

おせちの煮しめなどでお目にかかることもある真紅の「金時人参」は、「京人参」とも呼ばれます。一般的な西洋ニンジンとは比較にならないほど深い赤色は、トマトに含まれることで有名なリコピンによるもの。美肌作用があり、女性はもちろん、甘味が強いため、ニンジン嫌いのお子様にもおすすめです。名前の由来は「赤ら顔の坂田金時」。つまり金太郎さんです。食べれば元気で力持ちにもなれるかも。

▲色が鮮明なのでお正月のおせちの食材にぴったり。

堀川牛蒡《ほりかわごぼう》

主役を引き立ててくれる名脇役

松の根のようなユニークな形をした「堀川牛蒡」は、長さ50センチ前後、直径はなんと6〜9センチにもなる大きなゴボウ。旬は11月からお正月あたりまでです。香り高く、繊維質が柔らかいため、中まで味が染み込みやすく、煮物などでは他の食材を引き立ててくれます。大地そのものを思わせるようなアースカラーが、メインの色をぐっと引き立ててくれるはずです。

▲収穫できるまでなんと2年以上。希少な京野菜です。

九条葱《くじょうねぎ》

フレッシュな自然な草色

京都の九条付近で栽培された高品質のネギが「九条葱」です。古くから、野菜の生産に適した有機物に富む土壌が堆積しており、１３００年ほど前には栽培が始まりました。弘法大師が大蛇に襲われた際に、ネギ畑に逃げ込んで助かったという逸話も残っています。「葱」という文字は伝統色名にも頻繁に使われ、鮮度の高い自然の草色を表します。ちなみにネギというと関東では白ネギですが関西では青ネギを指します。

▲ビタミンやカロチンが豊富に含まれ、栄養満点。

聖護院大根《しょうごいんだいこん》

微妙な色味の違いを感じる「白」

甘味が強く苦味が少ないため、おもに煮物に使われる真ん丸の大根。その形は、京都の代表的な漬物である千枚漬けに使われる「聖護院かぶら」そっくりですが、両者は植物学的には別物で、含まれる栄養分もまったく異なります。色は「白」と表現されがちですが、実際には薄く黄緑がかっています。聖護院かぶらとそっくりに見えても、微妙な色味の違いを楽しむ姿勢こそ、日本的といえるかもしれません。

◀肉質が軟らかく甘味があるので生でもおいしく食べられます。

第4章

生き物が由来の伝統色

鳥が翼を広げたときの色や、哺乳類の毛の色、昆虫の体色といった、鳥や動物の色を表現した伝統色を紹介していきます。命がもたらす生彩をお楽しみください。

猩々緋

しょうじょうひ

- 誕生した時代 —— 桃山〜江戸時代
- 色の産地 —— スペイン、ポルトガル
- おもな用途 —— 武士の装い
- 顔料・染料 —— 染料

色の配合

C 0	M 85
Y 64	K 5

想像上の獣の血で染めたとされる深紅

深紅の猩々緋。なんとも不気味な色合いですが、それもそのはず。この伝統色は猩々《しょうじょう》という獣の血で染める色とされているのです。

猩々は中国の想像上の怪物。猿に似た体は紅色の長毛で覆われ、顔は人にそっくりで、子どものような声で人間の言葉を理解するのだとか。

猩々緋は毛織物の色として、桃山時代から江戸時代にかけて、ヨーロッパから持ち込まれました。そこから、この色をした舶来品の毛織物そのものを「猩々緋」と呼ぶこともあります。猩々の血で染めた色というのはあくまでも伝承ですが、当時の日本人にとってはそれほど烈々たる色合いだったのでしょう。

動物

オランウータンのことも猩々といいますが、猿に似ているとされる怪物のもとになったのかもしれませんね。また、酒豪という意味もあります。

命の尊さを教えてくれる
淡い桃色

鴇色《ときいろ》

鴇は同じ読みで「朱鷺」とも書く、東アジア特産の鳥です。体毛は純白ですが、空をはばたく際に広げる翼は薄い桃色をしており、これに近い色として鴇色が誕生しました。鴇は絶滅の恐れがあり、国の特別天然記念物、国際保護鳥に指定されています。現在、日本の自然界に生息する数は200羽に満たないそうです。

- 誕生した時代 ── 江戸時代
- 名前の由来 ── 鴇の風切羽《かざきりば》の色
- 顔料・染料 ── 染料
- 別名 ── 鴇羽色《ときはいろ》

色の配合　C 0　M 40　Y 10　K 0

コチニール貝殻虫から
抽出される紅色

洋紅《ようこう》（唐紅マゼンタ）

洋紅の原料は中米や南米の北部のサボテンなどに生息するコチニール貝殻虫という虫です。紅花などはすでに日本で使われていたようですが、コチニール貝殻虫による赤系染料が伝来したのはオランダとの交流があった江戸末期のことです。京阪特急の色に使われていたのもカーマインレッド＝洋紅でした。

- 誕生した時代 ── 近代
- おもな用途 ── 食品など
- 顔料・染料 ── 顔料

色の配合　C 0　M 100　Y 63　K 8

黄みのあるピンクが生命を感じさせる

珊瑚《さんご》

長寿のお守りとされ、仏教では七宝の一つと数えられる珊瑚。ピアスやネックレスなどとしてファッションに取り入れられていますが、それは昔も一緒だったようで、さまざまに加工をしては装飾品にしていました。珊瑚色は黄色がかったピンク色で、赤みのある珊瑚を砕いて粉末にした顔料です。

- 登場作品 ―― 『星座』（有島武郎）
- おもな用途 ―― 装飾品
- 顔料・染料 ―― 顔料

色の配合　C 0　M 64　Y 55　K05

イカスミによく似たセピア写真の色

暗鳶色《あんとびいろ》

暗鳶色は、文字どおり鳶色をもっと暗くした色で、暗褐色やセピア色と表現することもあります。セピアとはギリシャ語では「イカ」、英語では「イカスミ」という意味です。暗鳶色はこのイカスミから採れる褐色の絵具の意味でも使われます。幕末の時代の日本では、白黒の「写真色」と呼ばれていました。

- 誕生した時代 ―― 江戸時代
- 名前の由来 ―― 黒みの鳶の羽の色
- 別名 ―― 写真色、暗褐色
- 英名 ―― セピア

色の配合　C 0　M 63　Y 70　K 80

鳶

とび

- 誕生した時代――江戸時代
- 好んだ人物――江戸時代の男性
- 名前の由来――鳶の羽の色
- 登場作品――『色道大鏡』（藤本箕山）

色の配合

C	55	M	67
Y	77	K	0

鳶の羽のような焦茶色

鳶の羽、もしくは背面のような、焦茶色のこと。赤みのある茶系統の色の総称として用いられることもあります。鳶はタカ目タカ科の鳥で、全長は60~70センチ程度。水辺、山地、市街地といたるところで見ることができます。

ことば

高いところで作業をする職人・鳶職も鳥の鳶が名前の由来です。

鳶色は江戸時代初期に生まれた色で、江戸時代中期に入って広く普及していったようです。特に18世紀後半には、男性の間で流行色となり、「紅鳶《べにとび》」や「紫鳶《むらさきとび》」など、鳶色をベースとした新色が続々と誕生しました。

『日本書紀』には「金色霊鵄《こがねのあやしきとび》」が神武天皇を勝利に導いたと記されており、古くから霊鳥とされていたようです。

海老茶

えびちゃ

誕生した時代 —— 明治時代
おもな用途 —— 袴
好んだ人物 —— 明治時代の女学生

色の配合

C	50	M	90
Y	88	K	53

明治の女学生たちを象徴する赤茶色

黒みを帯びた赤茶色。平安時代以前はぶどうの色を「えび（葡萄）」と呼んで表していましたが、それでは海老と間違えやすいということから、近代に入って伊勢海老の殻の色として「海老茶色」の名がつきました。

海老茶色が大流行したのは、明治時代に入ってから。１８８５（明治18）年、華族女学校（現在の学習院女子部）の校長・下田歌子が海老茶の袴を同校の制服としたことがきっかけ。女学生たちのみずみずしさ、しとやかさ、そして知性との相性がよかったのでしょう。他の学校にも広がり、女学生を象徴する色になりました。そこから、明治30年代には、女学生を指す「葡萄茶式部《えびちゃしきぶ》」という言葉も生まれました。

着物

明治時代には海老茶の袴が女学生の間で人気を集めたそうです。

駱駝色

らくだいろ

- 誕生した時代 ―― 江戸時代
- 登場作品 ―― 『駱駝之図』(歌川国安)
- おもな用途 ―― 衣類
- 英名 ―― キャメル

色の配合

C	0	M	37
Y	59	K	25

江戸時代からなじみのあった黄褐色

駱駝の毛色に似た、黄色がかった薄めの褐色。くすんだ黄赤と表されることも。駱駝と、その毛でつくった織物を英語でキャメルといい、その和訳として誕生した伝統色です。

駱駝は砂漠で生活するのに適した動物で、北アフリカ、中東、モンゴルといった地域に生息しています。日本人が駱駝を知ったのは最近かと思いきや、意外にも江戸時代のこと。当時、江戸の街では見世物の興行として、海外から渡来した珍しい動物を見ることができました。駱駝もそんな珍獣の一種。江戸時代後期の浮世絵師・歌川国安の『駱駝之図』にもこの色に色を塗られた駱駝が描かれています。

服

本来は、駱駝の毛からつくられた防寒用の下着などを「らくだ」と呼びましたが、今では駱駝色の肌着などもそういいますね。また駱駝色、キャメルのコートも冬の定番カラーです。

象牙《ぞうげ》

- 誕生した時代 ―― 明治時代
- 名前の由来 ―― 象牙の色
- 顔料・染料 ―― 顔料
- 英名 ―― アイボリー

色の配合

C	3	M	13
Y	29	K	0

女神のような慈愛を感じる黄白色

象の牙に似た淡い黄色を帯びた白色。英語ではアイボリーと呼ばれる色です。牙と表現されますが、正確には象の第2門歯で、すなわち前歯のことです。

象牙は印鑑をはじめ装飾品や細工品の材料として高価で取引されることから、密猟が横行しました。そのため、現在では象牙の国際間取引が禁止されています。

楽器

今では高級モデルだけですが、かつてはピアノの白い鍵盤は象牙でつくられていました。

象牙色は明治以降になって名がついた新しい伝統色ですが、象が初めて日本にやってきたのは、室町時代のこと。江戸時代には江戸の町を歩き、庶民をおおいに驚かせました。一方、ヨーロッパでは古代から装飾品などに象牙が使われてきたので、なじみのある色名でした。

白鼠

しろねず

誕生した時代——江戸時代
名前の由来——白系の鼠色
好んだ人物——江戸時代の庶民
顔料・染料——染料

色の配合

C	3	M	2
Y	0	K	15

神様に仕えるハツカネズミの毛色

白鼠はハツカネズミの別名です。ハツカネズミは真っ赤な目と全身を覆う白い毛が特徴ですが、この毛の色を表す伝統色が白鼠です。また、古くから色味が薄い鼠色の染料の名としても使われていたもので、「しらねず」「うすねずみ」とも呼ばれます。

ネズミというと、時代劇で敵の間者（スパイ）を表すなど、よい意味で使われることはあまりありません。

しかし、ハツカネズミはかつて、七福神の一柱である大黒天様の使いとされており、それが住む家はお金に恵まれるという言い伝えがあったそうです。そういわれると、白鼠の白い色が光り輝いて見えるような気がしませんか。

工芸品

白いネズミは、七福神の一柱、大黒天様の使いとされている縁起のいい動物です。

鳩羽鼠

はとばねずみ

- 誕生した時代――江戸時代
- 名前の由来――鳩の羽のような色
- 好んだ人物――江戸時代の庶民
- 顔料・染料――染料

色の配合

C	51	M	46
Y	38	K	0

ヤマバトの羽に似た紫がかった灰色

濃いめの紫を帯びた鼠色、または灰色がかった青紫色。「鳩羽色《はとばいろ》」とも呼ばれます。ここでいう鳩とはヤマバトのこと。実は「山鳩色（麹塵）」という伝統色があるのですが、こちらはやや黒みのある黄緑色。鳩羽鼠とはまったく別の色です。

江戸時代の後期、派手な色が幕府によって禁じられた際、「〜鼠」といういろいろな鼠色が多く生まれました。鳩羽鼠もそのうちの一つです。

天皇が普段着ていた衣服の色はヤマバトの羽に近い黄色がかった灰色でした。江戸時代の庶民たちはその影響か、灰色に紫色を加えたようなこの色の衣服を、好んで着ていたそうです。

文学

尾崎紅葉の『金色夜叉』の中で、お宮が鳩羽鼠色の頭巾をかぶっている描写が登場します。

素鼠

すねずみ

- 誕生した時代 ―― 江戸時代
- 名前の由来 ―― 混じりけのない鼠色
- 好んだ人物 ―― 江戸時代の庶民
- 顔料・染料 ―― 染料

色の配合

C	61	M	52
Y	50	K	0

混じりけのない純粋な灰色

他の色を一切含まない純粋な灰色。それが素鼠です。中国ではかつて「墨に五彩あり」といわれました。墨は「黒色」ですが、水を含ませる割合やにじませ方によって、まるで色が変わったかのように異なる表情を見せるという意味です。素鼠の灰色は、その五彩のちょうど中間の明るさである「重」の色にあたります。

鼠色というと、一般的にはこの素鼠のことを指します。江戸時代の後期には、「四十八茶百鼠」といわれたように、多くの地味な色が生まれました。鳩羽鼠のように「〜鼠」といった色がたくさん登場した中で、新しい色名と区別するために、鼠色は素鼠と呼ばれるようになったのです。

絵画

素鼠色の墨で描かれた水墨画。色の明淡で立体感を出しています。

金糸雀《かなりあ》

- 誕生した時代――江戸時代
- 名前の由来――カナリアの羽毛の色
- おもな用途――衣服など
- 登場作品――『カナリヤ芍薬』（葛飾北斎）

色の配合

C	0	M	2
Y	70	K	0

黄金の糸を紡いだようなきらめく黄色

金糸雀と書いて「カナリア」と読みます。「カナリヤ」とも。カナリアは「雀」と字にあるとおり、スズメ目アトリ科の鳥。羽毛はやや青みを帯びた冴えた黄色をしており、これを再現したのが金糸雀色です。

カナリアはスペインの自治州カナリア諸島が原産であることから、この名がつきました。日本には18世紀末頃、長崎に持ち込まれたと伝えられています。

よく晴れた日にカナリアが飛ぶと、空の青さとのコントラストで、羽毛の黄色がより鮮烈に感じられます。黄金を溶かしてつくった糸で紡いだような金糸雀は、見ているだけで心が躍り出してくるようです。

風景

名前の由来となったカナリア諸島は、アフリカ大陸の北西に位置する島々です。写真はその一つ、テネリフェ島。

金色のように輝かしい小鳥の翼の黄緑

鶸色

ひわいろ

黄色みの強い萌葱《もえぎ》色。鶸の羽に近い色ということで、この名前がつきました。鶸は林などに生息する小型の鳥。約120の種類があるそうですが、一般的に見られるのはマヒワとカワラヒワ。マヒワは金翅雀とも呼ばれます。すなわち、金色の羽をもつ雀という意味で、鶸色はそれほど雅やかな色であったのでしょう。

- 誕生した時代 —— 鎌倉時代
- 名前の由来 —— 鶸の羽のような色
- おもな用途 —— 狩衣
- 顔料・染料 —— 染料

色の配合　C 24 M 13 Y 96 K 0

アオバトの体色に近い天皇の袍《ほう》の色

山鳩色

やまばといろ

古くから染色に用いられた、緑みの玉虫色。織物の色では経《たて》の糸は青、緯《よこ》は黄色のものを指す色名でもあります。公家の着る上衣である「袍《ほう》」の色ですが、天皇のみが着用することのできた禁色の一つでした。

山鳩の青緑の羽が由来で、別名、酒麹の菌色麹塵とも呼ばれています。

- 誕生した時代 —— 平安時代
- 好んだ人物 —— 天皇
- 顔料・染料 —— 染料
- 別名 —— 青白橡《あおしろつるばみ》

色の配合　C 55 M 43 Y 69 K 0

玉虫色

たまむしいろ

- 誕生した時代――飛鳥時代
- おもな用途――装飾品
- 登場作品――『のせ猿草子』
- 英名――グリーンダック

色の配合

C 100	M 0
Y 88	K 60

色が変わる金色を帯びた緑

光の当たり方によって、緑や紫に色が変わって見える虫――玉虫はタマムシ科の甲虫です。その体は金色を帯びた緑色で、金属に似た光沢を持つのが特徴です。

玉虫の羽はその美しさから、古くから装飾品として小物や装いの中に取り入れられてきました。仏像や経巻をしまっておくための仏具を厨子といいますが、飛鳥時代につくられた国宝の玉虫厨子にも、玉虫の羽が使われています。

また、かさねの色目にも玉虫色という織物があります。経緯《たてよこ》で異なった色の糸で平織にすることで、見る角度によって色が変化する玉虫の羽を再現したものです。

ことば

契約書は玉虫色であっては困ります。

見方によってどのようにでも解釈できることを「玉虫色」といいます。

孔雀緑

くじゃくみどり

誕生した時代 ―― 明治時代
名前の由来 ―― 孔雀石の粉末の色
顔料・染料 ―― 顔料
英名 ―― ピーコックグリーン

色の配合

C 100	M 23
Y 68	K 19

貴重な鉱物から採れる華々しい緑

日本画の顔料で、金の次に高価であるとされているものの一つに、天然の鉱物からできる岩絵具があります。とりわけ貴重とされているのが、古くは正倉院文書などにも記されている孔雀石です。この石からは緑青、白緑《びゃくろく》の絵具ができます。

この色は昔から、絵巻物や山水を描く絵画などには、欠かすことのできない顔料でした。自然染料では黄色と青色を掛け合わせることでしか緑色を表せません。そのため、孔雀緑は自然界から得られる唯一の緑ともいわれます。その名のとおり、孔雀の羽のような輝かしい緑を指す伝統色です。孔雀石から採れる自然な色合いは、孔雀緑の名にふさわしいのではないでしょうか。

原　料

孔雀の羽根のような色の孔雀石。古くから絵を描くのに使われている顔料です。

神獣の龍を空想させてくれる色

蜥蜴色

とかげいろ

黒みの強い緑色です。織物の色でもあり、こちらは経《たて》の糸を浅黄または萌葱《もえぎ》に染め、緯《よこ》の糸を赤く染めたもののこと。光線によって青や緑や紫にも見え、それがトカゲの色に似ていることが名の由来となっています。蜥蜴の別名は「石竜《せきりゅう》」。なるほど、確かに絵画に描かれる竜は蜥蜴色をしていますね。

- 登場作品 ——『貞順豹文書《ていじゅうひょうもんしょ》』
- 名前の由来 —— トカゲの背中の色
- おもな用途 —— 夏の装い
- 顔料・染料 —— 染料

色の配合　C 23 M 0 Y 90 K 75

別名を多くもつ黒い鼠の毛の色

黒鼠

くろねず

毛色の黒い鼠に似た色を表します。鼠色を少しだけ含んだ、暗い鼠色、あるいはほんのりと明るい黒色と捉えると、わかりやすいでしょう。「くろねずみ」と読まれることもあります。「濃鼠《こいねず》」「繁鼠《しげねず》」「濃墨《こずみ》」という黒系の伝統色がありますが、これらはすべて黒鼠と同じ色です。

- 誕生した時代 —— 江戸時代
- 名前の由来 —— 黒っぽい鼠色
- 好んだ人物 —— 江戸時代の庶民
- 顔料・染料 —— 染料

色の配合　C 20 M 20 Y 20 K 92

第5章

色の派生・絵具が由来の伝統色

色は時代とともに種類が増えたり、流行によって広く普及したりしてきました。ある色をもとにして生まれた色や、絵具や顔料に由来する伝統色を見ていきましょう。

朱《しゅ》

- 誕生した時代——2世紀頃
- 代表的なモノ——書道の朱墨
- おもな用途——化粧、壁画など
- 顔料・染料——顔料

色の配合

C 0	M 85
Y 100	K 0

日本を代表するトラディショナルカラー

神社の鳥居、伝統工芸の漆器、そして印鑑の朱肉と、我々の生活の身近にある朱色。朱は古代から日本にある顔料です。天然顔料の原料は辰砂《しんしゃ》という鉱物。人工顔料は硫黄と水銀の化合物で、17世紀末、中国の明の時代に書かれた産業技術書『天工開物《てんこうかいぶつ》』にはすでに人工顔料の製法が記されていて、早い時代から必要度の高い顔料であったことがわかります。

朱はとても貴重な顔料だったため、江戸時代には江戸竹川町（現在の東京・銀座）と大坂の堺に「朱座」を置かれ、幕府によって売買が管理されていました。祝いの席の盃に用いられるようにおめでたい色でもある朱。黄みがかった発色のよい朱は、まさにニッポンの赤を代表する色です。

工芸

お盆などにも朱色は使われますね。日本の伝統色を代表する色といえるでしょう。

ことわざ

朱に交われば赤くなる

つきあう人に人は影響されるという意味。

風格を感じる漆工芸の定番色

古代朱《こだいしゅ》

古代朱は実際に古代に使われていた朱ではなく、古い朱をイメージした、明治以降に生まれた色です。しかし、やや黒みがかった風情のある赤は歴史を積み重ねたような重厚な趣をまとっています。漆工芸では一般的な朱の一つで、発色が控えめなお椀やお皿は料理に口福感をプラスしてくれます。

- 誕生した時代 ― 明治時代
- 名前の由来 → 古代の色のようにくすんだ朱
- 色の産地 ― 中国
- 顔料・染料 ― 顔料

色の配合　C 27　M 84　Y 60　K 20

涼やかさ漂う透明感のある赤

岩紅《いわべに》

和菓子の定番である寒天菓子の赤のように、透け感のある光輝な紅色です。名前からすると「岩赤」と名前が似ていますが、岩紅のほうが黄色みが強く橙色により近い色をしています。砂糖をたっぷりまとった寒天菓子といえば夏に似合うお菓子。大胆な暖色系の色でありながら涼やかさも併せもっています。

- 名前の由来 ― 岩絵具の紅色
- おもな用途 ― 画材
- 顔料・染料 ― 顔料

色の配合　C 6　M 85　Y 93　K 1

長寿祝いに用いるおめでたい色

金茶《きんちゃ》

江戸時代の元禄期からある明るい茶色です。明治の本『染色法』によれば、「鬱金粉《うこんこ》十匁、鉛糖《えんとう》五分、緋色粉《ひいろこ》二分」を一升の熱湯で溶かして染料がつくられたとか。金色に似ている色は別名「宝《たから》茶《ちゃ》」とも呼ばれ、長寿祝いの色として現代でも米寿の席では金茶のちゃんちゃんこなどが贈られます。

- 誕生した時代 —— 江戸時代
- 名前の由来 —— 金色がかった茶色
- 顔料・染料 —— 顔料と染料両方
- 英名 —— ブラウンゴールド

色の配合　C 17　M 62　Y 100　K 19

樹皮から着想を得たナチュラルな橙

岩樺《いわかば》

名前からは由来がわかりづらいですが、岩樺は樺桜《かばざくら》という木の樹皮の色を再現した岩絵具です。樺桜はカバノキ科の木で桜の仲間ではありませんが、材質が似ているためこの名で呼ばれ、無垢材としても高い人気があります。樹皮は熟した柿のような橙色をしていて、夕焼けや秋の紅葉などの色で使われます。

- 名前の由来 —— 樺桜の樹皮の色
- おもな用途 —— 画材
- 顔料・染料 —— 顔料

色の配合　C 0　M 46　Y 93　K 6

黄紅《きべに》

新しい時代に生まれたきれいな果実色

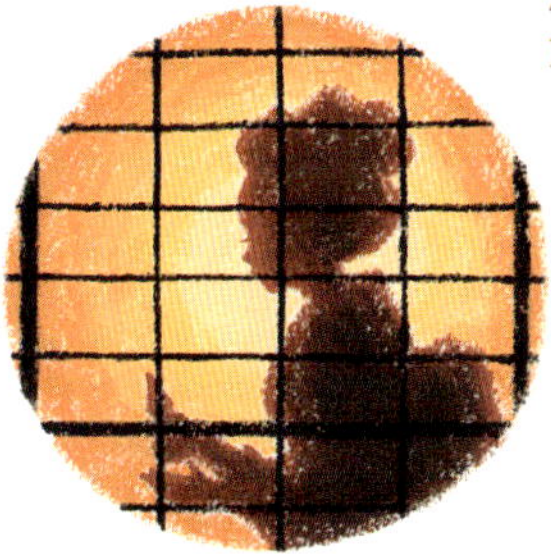

黄と赤が混ざり合った色で、秋に収穫期を迎える杏の実（アプリコット）が連想される濃い橙色。明治時代、文明開化での和魂洋才の流れの中において、異国の文化が浸透していった頃に生まれた新しい岩絵具です。きれいなアプリコットカラーは絵画の中でビビッドな差し色になります。

- 誕生した時代 ── 明治時代
- おもな用途 ── 画材
- 顔料・染料 ── 顔料

色の配合　C 0　M 57　Y 73　K 5

岩赤《いわあか》

現代のパワスポにも通じる神聖な赤

オーストラリアのエアーズロック、アメリカのセドナで見られる岩を連想させる岩絵具。これらの岩は、成分に大量の鉄を含んでいて、それが酸化して赤い景観を出しています。スケールこそ違えど日本でも渓谷などで稀に赤い岩や地層を見ることがあります。どことなく太古の聖地を思わせる色なのです。

- 名前の由来 ── 岩絵具の赤
- おもな用途 ── 画材
- 顔料・染料 ── 顔料

色の配合　C 4　M 81　Y 54　K 0

目の覚めるような発色よいオレンジ

橙黄《だいだいき》

橙色のことを橙黄色ということもありますが、ここでいう橙黄は橙よりも少し黄みがかった色のことです。ミカンの色を橙とするならば、オレンジの色は橙黄でしょうか。最近はオレンジトマトという橙黄のトマトもあります。目を覚ますような橙黄は一日の始まりをパッと明るくしてくれるような元気さがあります。

- 誕生した時代 ── 近代
- 登場作品 ── 『妄想』（森鷗外）
- おもな用途 ── 画材
- 顔料・染料 ── 顔料

色の配合　C 0　M 37　Y 100　K 4

秋の定番色の素敵なコラボ

赤黄《あかき》

赤く染まった葉と黄色く染まった銀杏の葉。赤黄はそんな秋らしい色を混合した水干絵具です。二つの色を合わせると少しくすみのあるオレンジ色になります。絵の中では秋の黄昏時を描くのにぴったり。夕暮れの空が赤く染まりゆくグラデーションの中で、太陽が一瞬だけつくり出すはかなげな色が表現できます。

- 誕生した時代 ── 近代
- 名前の由来 ── 赤と黄色を混ぜた色
- おもな用途 ── 画材
- 顔料・染料 ── 顔料

色の配合　C 0　M 30　Y 100　K 0

発色のよいアクセントカラー

濃黄

こいき

水干絵具の一色で、字のごとく濃い黄色のことです。向日葵《ひまわり》の花や卵の黄身、初々しい小学生の黄色帽などが近い色に挙げられます。絵画では水や他の色と混ぜて使われることも多く、料理で例えるなら少しの量でもさりげなくよい役割を果たしてくれる隠し味のような絵具です。作品のアクセントとして立派に活躍します。

- 誕生した時代 ― 近代
- 名前の由来 ― 濃い黄色
- おもな用途 ― 画材
- 顔料・染料 ― 顔料

色の配合　C 0　M 21　Y 89　K 7

柑橘系の果実のような透明感のある黄色

黄緑

きろく

多くの方が「きみどり」と読まれることでしょう。しかし、伝統的な顔料では、緑は「ろく」と読むので、黄緑も「きろく」となります。黄緑は上羽絵惣のオリジナル顔料で、黄色にわずかに緑が混じっています。柑橘系の果実を連想させるような透明感も感じる色です。おぼろげな月光などを描くのにも適しています。

- 誕生した時代 ― 近代
- 名前の由来 ― 黄色と緑を混ぜた色
- おもな用途 ― 画材
- 顔料・染料 ― 顔料

色の配合　C 20　M 3　Y 85　K 0

金泥雲母赤口

きんでいうんもあかくち

- 誕生した時代――近代
- 名前の由来――雲母を金と赤色で色づけた
- おもな用途――画材
- 顔料・染料――顔料

色の配合

C 14	M 26
Y 69	K 0

深い輝き放つ、厳かな黄金色

金泥は金の粉を膠《にかわ》を溶かした湯で混ぜてつくる絵具のことで、仏教で仏画や経文を書く際などに多く用いられ、紺色の紙に金泥で仏画を描くことを「紺《こん》紙《し》金泥《こんでい》書《が》き」といいます。

一方の雲母はフィロケイ酸塩の鉱物で、日本画では顔料に合わせて使う混合剤のようなもの。こちらもきらきらとした輝きがあり、そのさまから古来より「きら」という呼び方もあります。

金泥雲母はこの二つの原料を混ぜたような極彩色の基本色です。「赤口」とつくのは、赤い顔料を加えて、黄金に近い色を再現しているからです。

日本画の歴史で金といえば金箔を貼りめぐらせた狩野派の屏風図が連想されますが、彼らの芸術に通じる厳かで絢爛豪華な黄金色です。

原　料

金泥雲母赤口は、金粉と膠、雲母を混ぜてつくられます。

◀銀杏の皮の色に近いです。

明度＋彩度の高い黄色

金黄土《きんおうど》

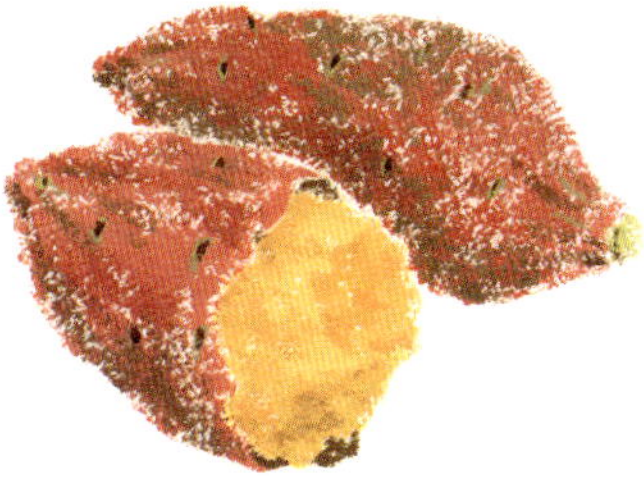

黄金色という色がありますが、この系統の色にはそのほかにも「金」の名が与えられている色があります。印刷冊子でも明るい黄土色を「ニセ金」と呼び、高価な金色に代用されることがあります。金黄土もその系統の一つで、絵画では人物画の背景などに使われ、作品全体を前向きな印象に演出してくれます。

- 名前の由来 ―― 金色がかった黄土色
- 顔料・染料 ―― 顔料
- おもな用途 ―― 画材

色の配合　C 0　M 28　Y 64　K 22

大地の温かさを感じる朱泥の赤

朱土《しゅど》

一般的な常滑焼《とこなめやき》に代表されるような、鉄分を含んだ土を用い、無釉焼き締めでつくられた陶器のことを「朱泥」といいます。朱土はこの陶器に見られるような濃い橙色で、古来は泥絵具の一種でした。透明感とは無縁の大地のような温かみを感じる朱土色は、金泥の下塗りなどにも適しています。

- 誕生した時代 ―― 明治時代
- 名前の由来 ―― 温かみのある土色
- おもな用途 ―― 画材
- 顔料・染料 ―― 顔料

色の配合　C 0　M 52　Y 59　K 33

錆茶《さびちゃ》

錆色が混ざった寂しさ漂う茶色

金属は酸化によって錆を生み、元来もっている輝きを次第に失います。つまり錆は衰えや退化の表れといえますが、そこには年齢を重ねた名優が見せるような、閑寂的な味わいも感じさせます。錆色の混ざった茶色の錆茶も寂しさを漂わせた色で、荒野の赤土などを描く際に適しています。

- 誕生した時代 ── 江戸時代
- おもな用途 ── 画材
- 顔料・染料 ── 顔料

色の配合　C 40 M 85 Y 85 K 40

黒茶《くろちゃ》

発酵茶の中に見える酸味のある茶色

ほぼ黒に近い茶色です。中国のお茶は発酵度によって白茶、黄茶、青茶など色の名を冠した六つに大きく分類されます。その中で発酵度が一番高いのが黒（プーアル）茶です。日本にも古代に製法が伝わり、徳島県の阿波晩茶、富山県の富山黒茶などがつくられています。黒みがかったお茶は、酸味のある味わいといいます。

- 誕生した時代 ── 近代
- 名前の由来 ── 黒っぽい茶色
- おもな用途 ── 画材
- 顔料・染料 ── 顔料

色の配合　C 43 M 62 Y 61 K 62

黄茶緑

きちゃろく

名前の由来―黄と茶と緑を混ぜた色
おもな用途―画材
顔料・染料―顔料

色の配合

C 0	M 14
Y 54	K 54

新時代の色は鹿鳴館の華たちも魅了

現代ならばアースカラーの一種といえる色。黄茶緑は名前が示すとおり、何色に見えるかをはっきり表しづらい色をしています。強いて表現するとすれば、黄色みが強いオリーブ色でしょうか。

黄茶緑のような色は明治時代の文明開化の頃にもてはやされました。この時代に外国要人との社交場となったのが鹿鳴館です。その社交界の場には「鹿鳴館の華」と呼ばれた美しい女性たちの姿がありました。彼女たちがバッスルスタイルと呼ばれたドレスに好んで選んだ色に黄茶緑のような、くすんだ緑や淡い茶色がありました。揚洲周延《ようしゅうちかのぶ》が描いた有名な『於鹿鳴館貴婦人慈善会之図』の中にも、紫や青に混じって、そうした色のドレスを着た女性の姿が見られます。

絵　画

明治時代には黄茶緑のドレスが人気を集めていました。『貴顕舞踏の略図』（神戸市博物館所蔵／TNM Image Archives）

◀より粒子の細かい黄茶緑色の岩絵具はゆずのような色をしています。

甘いお菓子にも多い
こんがりした茶色

焦茶《こげちゃ》

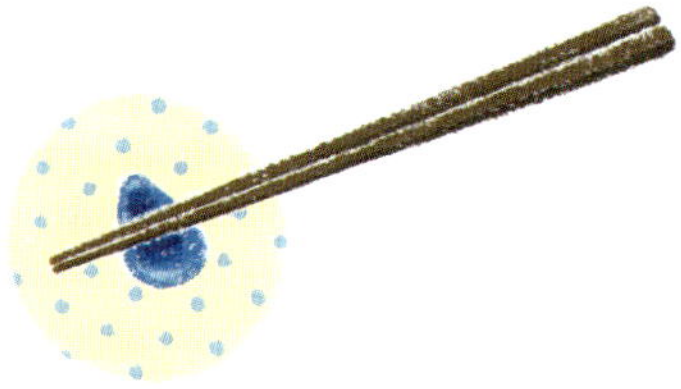

江戸時代に生まれた「四十八茶」の色の名前の中で、現代でも親しみが深いのが焦茶。焦げたような茶色は、チョコレートのようなお菓子の色にも通じています。茶系統の中ではとりわけ黒に近い色ですが、髪の色を焦茶に染めるだけでパッと印象が変わるように、垢抜け感とさりげないお洒落を兼ね備えた色です。

- 誕生した時代 ── 江戸時代
- 名前の由来 ── 焦げたような茶色
- 好んだ人物 ── 江戸時代の町人、商人
- 顔料・染料 ── 顔料

色の配合　C 65　M 72　Y 81　K 20

濃淡さまざまな
大豆色の階調変化

黄口黄茶緑《きぐちきちゃろく》

岩絵具は粒子の細かさによって番手が決まり、多い色で14段階に分かれます。黄口黄茶緑は大豆からつくられる食べ物を表すようなグラデーションになります。例えば5番から8番は味噌、10番はこんがり狐色の油揚げ、14番（白）は精進料理に使われる高野豆腐。色からおいしそうな香りが漂ってきそうです。

- 誕生した時代 ── 近代
- おもな用途 ── 画材
- 顔料・染料 ── 顔料

色の配合　C 0　M 31　Y 55　K 33

おとなしい印象の質素な茶色

白茶《しらちゃ》

白に近い薄めの茶色のこと。衣類などが色あせることを意味する「白茶ける」という言葉が由来です。明るく落ち着きのある色は謙虚さを感じさせてくれます。江戸時代には「四十八茶百鼠」の一色となって茶人らに好まれたほか、小袖の流行色にもなるなど、洒落た色とされていました。

- 誕生した時代 ── 江戸時代
- 名前の由来 ── 白茶ける
- 登場作品 ── 『心中天網島』（近松門左衛門）
- 顔料・染料 ── 染料

色の配合　C 24 M 31 Y 43 K 0

早春の桜と淡い恋を思わせる

薄紅色《うすべにいろ》

紅花の色素は染め方の濃淡によってさまざまな赤をつくります。中でも極めて薄いのが薄紅色です。その色は春の桜を彷彿とさせ、若山牧水は「うすべにに葉はいちはやく萌えいでて咲かむとすなり山桜花」と花見の歌に詠みました。また、薄紅色の頬や口紅など、若い女性の淡い恋を連想させる色でもあります。

- 誕生した時代 ── 平安時代
- 登場作品 ── 『花冷え』（瀬戸内寂聴）
- 顔料・染料 ── 染料
- 別名 ── うすくれない

色の配合　C 0 M 57 Y 36 K 0

岩桃

いわもも

- 誕生した時代 ―― 近代
- 名前の由来 ―― 岩絵具の桃色
- おもな用途 ―― 画材
- 顔料・染料 ―― 顔料

色の配合

C	15	M	39
Y	27	K	10

おいしそうな赤系のピーチカラー

近代に入り、人工の原石によってつくられた新しい顔料を新岩絵具といいます。色名に「岩」とつくのは新岩絵具の一種という意味で、岩桃もそこに含まれます。赤系の伝統色にも桃色がありますが、岩桃はそれよりも黄みがかっているのがポイントです。

岩桃は日本画で桃の実を描くのに適しているのはもちろんのこと、白い花にささやかな紅色を添えたり、背景に温かみを与える役割にも用いられます。

なお、ピンクというと現代では桃色があてられますが、英語のピンクにはナデシコ科の植物という意味も含まれています。つまりはピンクには撫子も含まれるということになりますが、撫子は岩桃や桃色よりも紫がかった色をしています。

食物

桃の花の桃色に対して、岩桃は桃の実を表現している色です。

可視光線の中にはない色

赤紫《あかむらさき》

赤と紫の中間色ですが、紫のほうが強い印象です。とても華やかな印象を与える色といえるでしょう。奈良時代から平安時代にかけての律令制の朝廷では、この赤紫の服装が深紫に次いで高位とされました。可視光線にはない色なのでイエス・キリストの色＝蘇りの色とも呼ばれています。

- 誕生した時代 ―― 奈良時代
- 好んだ人物 ―― 貴族
- 登場作品 ―― 『源氏物語』(紫式部)
- 顔料・染料 ―― 顔料と染料両方

色の配合　C 50 M 100 Y 0 K 0

初夏の花たちの緩やかな振動のバイオレット

青紫《あおむらさき》

青と紫の中間色です。2色の特徴を併せもつ複雑な印象の色ですが、梅雨の時季に見頃を迎える紫陽花や花菖蒲、燕子花や桔梗はいずれも清楚な青紫色の花を咲かせ、自然界の中で波長が一番弱い色であることから、視覚から癒やしを与えてくれる色です。江戸庶民の間で流行した「江戸紫」も青紫系の仲間です。

- 誕生した時代 ―― 近代
- 名前の由来 ―― 紫がかった青
- おもな用途 ―― 画材
- 顔料・染料 ―― 顔料

色の配合　C 85 M 77 Y 0 K 48

藤紫

ふじむらさき

- 誕生した時代――明治時代
- 好んだ人物――明治時代の人々
- 登場作品――『三美人之図』（上村松園）
- 顔料・染料――顔料と染料両方

色の配合

C	36	M	51
Y	0	K	0

美人画の巨匠に好まれた明治の流行色

古代から藤や紫は高貴な色とされてきました。そして、その名を併せ持つ「藤紫」は、化学染料が発達によって幅広い色が作られるようになった明治時代の流行色です。オーラのある薄紫色は多くの女性に愛され、文明開化が到来した新しい時代を彩りました。

藤紫は明治を代表する文豪や芸術家にも愛用され、なかでもこの色を好んだのは美人画を得意とする画家たちでした。東西の美人画の巨匠として「西の松園、東の清方」と並び称された上村松園《うえむらしょうえん》と鏑木清方《かぶらききよかた》の作品にも藤紫が見られ、着物やその中にのぞく襦袢などに目もあやな薄紫が見られます。こうした流行をつかんだ色遣いも彼らが芸術家として支持された理由の一つといえるでしょう。

絵画

上村松園の『三美人之図』では着物の色に藤紫が使われています。（光ミュージアム　所蔵）

古典的な紫を今に再現

古代紫《こだいむらさき》

紫草の根を材料として染めた古代紫（京紫）。その後に江戸で生まれた江戸紫（今紫）は青みが強く、同じ紫でも両者の違いは瞭然です。

古代紫は染物の特産地・京都で古くから染められた紫色で、発色のよい江戸紫に比べて重みと気品があり、仏事の際の用品や用紙などにも用いられます。

- 誕生した時代 → 江戸時代
- 名前の由来 — 古代の色のようにくすんだ紫
- 別名 — 京紫
- 顔料・染料 — 染料

色の配合　C 30　M 73　Y 8　K 3

多くの芸術家を虜にしてきた色

岩藤《いわふじ》

岩絵具色です。藤は古くから日本の歴史に登場する花で、古典や絵画にも、たくさん描かれています。藤の花房を振袖姿の女性に例える俳句などもあります。

まるで静かに雨が降り注ぐように連なる藤の花の慎ましやかな美しさ、そしてひかえめな色合いが、多くの芸術家を虜にしてきました。

- 名前の由来 — 岩絵具の藤色
- 代表的なモノ — 藤の花
- 顔料・染料 — 顔料

色の配合　C 50　M 50　Y 0　K 0

民の力への支配が生んだいなせ色

梅鼠《うめねずみ》

赤を梅として捉え、この赤みを帯びた鼠色を梅鼠といいます。

江戸時代、庶民が力をもつことを恐れた幕府は、風水にならって庶民たちに派手な色の装飾を禁じました。しかし、いなせな江戸庶民は反対に多くのお洒落を生んでいきます。梅鼠もその中の一つです。

- 誕生した時代 —— 江戸時代
- 主な用途 —— 着物の色
- 好んだ人物 —— 江戸時代の庶民
- 顔料・染料 —— 染料

色の配合　C 0　M 20　Y 10　K 30

納戸色から派生した暗さを帯びた紫

藤納戸《ふじなんど》

江戸城には「納戸」という部屋があり、そこにまつわる色として納戸色が生まれました。諸説ありますが、納戸色は納戸の薄暗さを例えた色という説があり、納戸色から派生した色もあります。平安時代以前の人気色だった藤色を納戸色と掛け合わせた藤納戸もその一つで、そのほかに、鉄納戸や錆納戸などがあります。

- 誕生した時代 —— 江戸時代
- 名前の由来 —— 紫みを帯びた納戸色
- おもな用途 —— 風呂敷など
- 顔料・染料 —— 染料

色の配合　C 60　M 45　Y 0　K 25

「紫紺の優勝旗」で有名な栄誉の色

紫紺末《しこんまつ》

明治時代に入ってからつくられた比較的新しい顔料。染料としてはそれ以前からあり、紫草の根で染めたことから「紫根」と書かれました。色は字のとおり、紺色がかった紫。現代人には選抜高校野球の優勝旗の色としてなじみがあります。いわゆる「紫紺の優勝旗」です。紫のもつ気高さから選ばれた色かもしれません。

- 誕生した時代 —— 明治時代
- 色の産地 —— 京都
- 顔料・染料 —— 顔料

色の配合　C 50 M 90 Y 20 K 50

純紫金末よりも安価な模造顔料

紫金末《しきんまつ》

朱に純金を混合した顔料である「純紫金末」はとても高級ですが、こちらの紫金末は純金ではない金粉を混ぜた比較的安価な模造顔料です。純紫金末があまりにも高価なため、それに近い色合いを出すよう開発した顔料です。紫金末のほうが紫の色合いが強く、その色はどこか甘味を感じさせるおぜんざい色です。

- 誕生した時代 —— 近代
- おもな用途 —— 画材、工芸品
- 顔料・染料 —— 顔料

色の配合　C 40 M 90 Y 79 K 60

川底に漂う深みのある青

黒群青

くろぐんじょう

黒群青は「焼群青」ともいわれ、火を加えることで黒みを帯びる群青の作用を利用してつくられる岩絵具で、その色はやや青みのある色です。黒群青のイメージは静かな森を流れる深い川を想像してください。浅い所は澄んだ水も、深い所では神秘の静けさを感じます。まさにこれこそ黒群青の色なのです。

- 名前の由来 —— 黒っぽい群青
- おもな用途 —— 画材
- 顔料・染料 —— 顔料
- 別名 —— 焼群青

色の配合　C 64　M 38　Y 35　K 29

哀悼の意色が江戸の流行に

青鈍

あおにび

縹色《はなだいろ》に鈍色を重ねた色。現代文では曇天のことを「鈍色の空」などと表現しますが、これは青鈍に近いかもしれません。古代には家来や卑しい身分の者がまとうものとされ、平安時代は凶事な色として喪服や尼の着衣に用いられました。負の印象が消えるのは江戸時代のことで、鈍系もおつな色となりました。

- 誕生した時代 —— 平安時代
- 登場作品 —— 『源氏物語』（紫式部）
- 別名 —— ブルーブラック
- 顔料・染料 —— 顔料と染料両方

色の配合　C 89　M 77　Y 61　K 15

別上本藍

べつじょうほんあい

- 誕生した時代 ―― 5世紀頃
- 名前の由来 ―― 特別な藍色
- 色の原料 ―― 蓼藍《たであい》
- 顔料・染料 ―― 顔料

色の配合

C 90	M 56
Y 16	K 21

深く濃く、藍の本流を継ぐ

別上とは「特別」、「飛切」という意味。別上本藍は伝統的な染料である藍を顔料として再現した、有機顔料です。上羽絵惣ではこの色の水干絵具、棒絵具があり、粒子が細かくとても扱いやすい画材として知られています。

藍染の歴史や由来については「藍」の項で説明したので、ここでは藍の天然染料の製法について述べましょう。藍の染料の原料は蓼藍をいうタデ科の一年草。春に種蒔きした蓼藍は初夏に収穫して乾燥し、3カ月ほどの時間をかけて水と発酵させ「すくも」と呼ばれる状態にします。それに灰汁《あく》や糖分、酒などを合わせてさらに2週間ほど置いてようやく染料が完成します。現代では化学染料もありますが、天然染料をつくるには多大な手間と時間がかかるのです。

原料

藍色の原料となる蓼藍。紫色の可愛い花を咲かせます。

二つの青の混合が妙味のある青緑を生む

群緑

ぐんろく

群青の原料となる藍銅鉱《らんどうこう》（アズライト）と緑青《ろくしょう》の原料となる孔雀石は同じ鉱床から産出されます。いずれも日本の伝統色の代表格で、群緑はこの両者を融合した色です。青とも緑とも見て取れる色は自然界の中にもなかなか存在しませんが、コガネムシの背中には群緑にも似た青緑の妙味が見られます。

- 誕生した時代 —— 平安時代
- 名前の由来 —— 緑の集まり
- 顔料・染料 —— 顔料
- おもな用途 —— 画材

色の配合　C 71　M 20　Y 57　K 19

江戸っ子の愛した深川鼠に近い灰色

青灰末

あおはいまつ

青灰末は上羽絵惣が名づけた岩絵具の色名です。末は粉末のことをいい、青灰末は青みがかった灰色の粉末という意味です。江戸時代に流行した色の一つ「深川鼠」に似ています。江戸の中でも下町文化が華やいだ深川がつく名前の色は江戸の町人のいき（生き、息、意気）として根づいていたことが表れています。

- 名前の由来 —— 青みがかった灰色
- おもな用途 —— 画材
- 顔料・染料 —— 顔料

色の配合　C 81　M 49　Y 53　K 0

極小の粒子で白に近い緑青

岩白緑

いわびゃくろく

岩絵具の粒子は大きい順に1番から15番の番号で区別され、最も小さな粒子を「白《びゃく》」といいます。藍銅鉱《らんどうこう》を細かな粒子にしたものが岩白群なら、同じ鉱床で採れる孔雀石を粒子にした顔料は岩白緑となります。江戸時代以前は粒子にする技術が低かったため、現在よりも緑が濃かったといいます。

- 誕生した時代 ── 江戸時代
- 名前の由来 ── 岩絵具の白緑
- おもな用途 ── 画材
- 顔料・染料 ── 顔料

色の配合　C 70　M 30　Y 40　K 0

日本画に欠かせない青

岩白群

いわびゃくぐん

群青の原料でもある藍銅鉱《らんどうこう》を細かな粒子に砕いていくと拡散反射の効果によって白みを帯びた青い粉になり、これを岩白群といいます。飛鳥時代に中国から伝来し、群青とともに古くから日本画には欠かせない岩絵具の一種です。明るく優しいライトブルーは晴れやかな空や透き通るような水の色に用いられます。

- 原材料 ── 藍銅鉱
- おもな用途 ── 画材
- 顔料・染料 ── 顔料

色の配合　C 38　M 13　Y 0　K 18

藍白

あいじろ

- 誕生した時代――江戸時代
- 代表的なモノ――藍染
- 顔料・染料――顔料と染料両方
- 別名――蟹鳥染《かにどりぞめ》・白青

色の配合

C	24	M	0
Y	9	K	0

有名スポットの色のベースにも

藍染は染具合の濃淡によって異なる名前で呼ばれ、茶色系の四十八茶になぞらえて「四十八藍」と例えられることもあります。留、黒紺、紺、藍、花色、浅葱《あさぎ》、瓶覗《かめのぞき》という順で薄くなり、最も薄い色を藍白といいます。濃い印象の藍色も限りなく白に近づくと爽やかなソーダ色に。わずかな藍によって白が白でなくなるため「白殺し」とも呼ばれます。

飲料

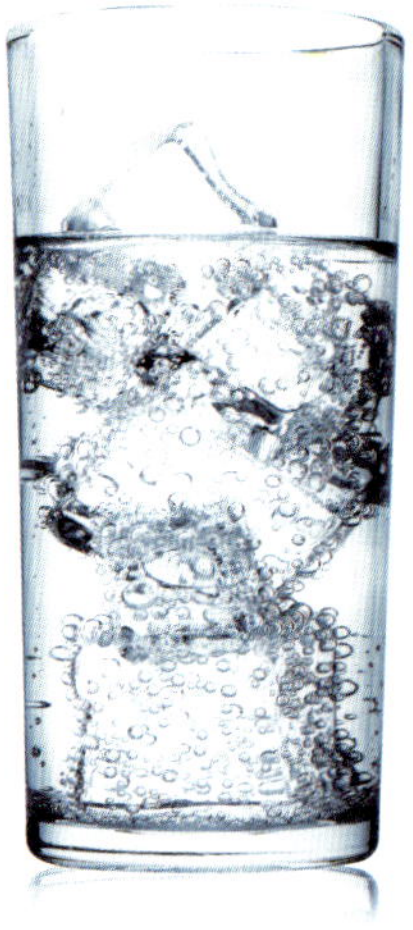

さわやかなソーダの色は夏を涼しげにしてくれますね。

なお、この藍白は誰もが知る有名観光地に使われています。東京スカイツリーが外観にまとう「スカイツリーホワイト」は藍白をベースにしたオリジナルカラー。白に見えるタワーは実際には少し青みがかっています。東京のシンボルは日本の伝統色でお化粧しているんですね。またタイルでも目にすることがあります。

岩白

いわしろ

- 名前の由来 ―― 岩絵具の白
- おもな用途 ―― 画材
- 顔料・染料 ―― 顔料

色の配合

C	0	M	2
Y	10	K	6

他色に負けない「揺るがない白」

近代に入ってつくられるようになった新岩絵具の一種です。ガラス質と酸化させた金属を高温で加熱し、でき上がった人工鉱物を細かく砕いてつくられます。花崗岩《かこうがん》の一部あるいは大福餅の表面のような薄いクリーム色をしています。

見た目は淡いですが、顔料としては白系の中でもとりわけ透明度が低いというのが個性です。その他の白系顔料としては胡粉《ごふん》や方解末などが挙げられますが、前者が主に下地に、後者が描き込みに用いられるのに対し、岩白は下の層を上塗りしたり仕上げの調整などを目的に用いられます。どんな色も染めてしまう強力な白。それは白い輝きで空間を豪華に見せる大理石の色にも通じるところがあります。

食物

大福のような色の岩白。おいしそうな色ですね！

松葉白緑

まつばびゃくろく

- 名前の由来——白に近い松葉緑青
- 色の原料——マラカイトグリーン（孔雀石）
- おもな用途——画材
- 顔料・染料——顔料

色の配合

C	32	M	0
Y	23	K	0

「松葉緑青」の最も白に近い色

顔料（岩絵具）の「松葉緑青」色の、最も白いものを松葉白緑といいます。顔料は一つの鉱物からさまざまな濃さの色が採れるのが特徴で、同じ色から採れる中で一番色が白っぽいものを「白《びゃく》」と呼びます。松葉緑青は孔雀石を砕いてつくった顔料ですから、孔雀石の中の一番白っぽい部分の色、といい換えることもできるかもしれません。松葉緑青の白は「白緑」と呼ぶのが、顔料を使う人たちの中では昔からしきたりのようになっています。

顔料の中でも代表的にして最古のものが群青とこの松葉緑青です。孔雀石は数少ない天然の顔料素材として日本ではもう採掘されることはほとんどありません。

風景

新緑を表現する下地として松葉白緑の絵具は使われます。

葉の裏側特有の白っぽい緑

裏葉緑青《うらはろくしょう》

葉の裏側を模した色で、表側の緑より白っぽくなっています。植物の、太陽に当たる部分に比べて光合成ができていない部分特有の白さがあります。同じような色でも微妙に見分けて、色名をつける色の面白さが感じられます。またエメラルドグリーンの沖縄の海をイメージさせる色でもあります。

- 名前の由来 —— 葉の裏側を模した色
- おもな用途 —— 画材
- 顔料・染料 —— 顔料

色の配合　C 50　M 0　Y 25　K 40

青ではなく緑に近い「蒼」

蒼色《そうしょく》

「蒼」という漢字は倉に保管する野菜や牧草から成り立っています。蒼は訓読みで「あお」と読み、「蒼天」のような用語があるために青色の印象がありますが、実際には緑を表した色です。しかし古代でも明確に区別されておらず、青と緑が混同されていたようです。蒼色の深緑は山や草原などを描く際に重宝されます。

- よく使う表現 —— 顔面蒼白
- 別名 —— 蒼色《あおいろ》
- 顔料・染料 —— 顔料と染料両方

色の配合　C 90　M 0　Y 68　K 40

夏の太陽に育てられた
濃い草の色

濃草《こいくさ》

濃草は日本画用の水干絵具の色で、夏に力強く生える草のような色は山道をイメージさせます。水干絵具は粒子が極めて細かいため、伸びがよく、なめらかに均一に塗れるので、岩絵具を塗る前の下塗りにも用いられます。艶のないマットな質感が特徴。混色自由であらゆる色調を表現できます。

- 名前の由来 ―― 濃い草の色
- おもな用途 ―― 画材
- 顔料・染料 ―― 顔料

色の配合　C 70 M 27 Y 61 K 40

むせかえりそうな
野原の緑色

草緑《そうろく》

太陽をいっぱいに浴びた野原の草のような濃い緑色です。読み方は「そうりょく」ではなく、「そうろく」です。

よく見れば、確かに葉の緑とは違う草の緑という気がします。意識せずに見れば同じに映るものでも、注意して見れば微細な違いがあります。また、言霊《ことだま》である色名がそうさせているのかも……。

- 名前の由来 ―― 野原の草のような緑
- おもな用途 ―― 画材
- 顔料・染料 ―― 顔料

色の配合　C 68 M 0 Y 90 K 20

時を重ねたような哀愁を帯びた緑

濃緑《のうりょく》

その名のとおり濃い緑色です。「こいみどり」と読むこともあり、別名「深緑《しんりょく》」。夏を迎えた木々の活き活きとした緑が連想されます。葉は時を経ながら徐々に緑色を濃くし、濃緑の古葉と新緑の若葉が緑のコントラストをつくりながら新陳代謝を繰り返していきます。濃緑の侘びは絵画においても落ち着きを与えます。

- 誕生した時代 ── 近代
- 顔料・染料 ── 顔料
- 別名 ── 深緑

色の配合　C 100 M 0 Y 100 K 50

長老のように風合いが落ち着いている緑

老緑《おいみどり》

その字のごとく、老いた緑の色です。新緑がさわやかな緑なら、こちらは長い年月を経て渋みを帯びた緑と表現できるでしょうか。老いることは哀しいことと捉えがちですが、さまざまな苦楽を経た年輪もまた、魅力の一つではないでしょうか。そう思うと、好々爺のような柔和な色に感じられてきそうです。

- 誕生した時代 ── 平安時代
- 名前の由来 ── 老木となった松の葉の色
- 顔料・染料 ── 顔料
- 別名 ── 柚葉色《ゆずはいろ》

色の配合　C 45 M 0 Y 60 K 70

活力たっぷりの青々とした草

青草

あおくさ

青々とした草の色を表現した顔料です。青草とは、夏に生い茂る草のことで、俳句の夏の季語にも用いられます。自由俳句の尾崎放哉《おざきほうさい》は「青草限りなくのびたり夏の雲あぱれり」と詠みました。勢いよく生い茂る夏草の上に、立派な雲が映える夏の情景。青草の色はそんな晴朗な情感と若さを感じさせます。

- 名前の由来 —— 青々とした草の色
- おもな用途 —— 画材
- 顔料・染料 —— 顔料

色の配合　C 71　M 23　Y 95　K 17

今まさに成長している若葉の色を模した濃緑

青口若葉

あおくちわかば

今まさに成長している若葉の色。これからどんどん茂っていくことを想像させてくれる力強い濃い緑色で、身近なところでいうと、青汁のような栄養たっぷりのイメージでしょうか。日本の気候には湿り気や、そこから生まれる影響もあって、自然の緑にも微妙な違いがたくさん生まれています。

- 名前の由来 —— 若葉の色
- おもな用途 —— 画材
- 顔料・染料 —— 顔料

色の配合　C 73　M 17　Y 83　K 8

鶸萌黄

ひわもえぎ

- 誕生した時代――江戸時代
- おもな用途――染物
- 顔料・染料――染料

色の配合

C	37	M	15
Y	99	K	0

暮らしのゆとりを感じさせる黄緑

鶸色と萌黄色のちょうど中間のあたりを指す淡い緑、または黄色みの強い緑です。「浅みどり」とも呼ばれていた色で、江戸時代の中期に入ってから、染色として広く普及するようになったと伝えられています。

戦乱の時代が終わり、天下泰平の世となった江戸時代。戦に明け暮れていた武士たちにも、心の余裕が出てきたのでしょう。こぞって彩り豊かなものを身につけるようになりました。その一つが鶸萌黄の色で、若々しい色合いであるということで好まれていたようです。

明るい緑色は、繁栄と平和を表します。武力で他者のものを奪う時代から、知力で幸福を共有する時代へ。流行した色を見ると、その時々の時世も見えてきますね。

植物

若い葉をイメージさせるグリーンの鶸萌黄。浅みどりともいわれます。

着物

江戸時代の中期以降、染物として使われました。

きらの輝きが青を引き立てる

金泥雲母青口《きんでいうんもあおくち》

「きら」とも呼ばれる鉱物の雲母に赤の顔料が加えられた金色が「金泥雲母赤口」であることは先に説明しましたが、こちらも金泥雲母の兄弟色で青色の顔料を加えた淡いモスグリーンのような色です。赤口に比べ、青に近い色をしているので青口と呼ばれます。渋みときらびやかさが合致した小気味よい色合いです。

- 誕生した時代 —— 近代
- おもな用途 —— 画材
- 顔料・染料 —— 顔料

色の配合　C 30 M 13 Y 62 K 5

若草の生気をもった健やかな緑

黄草《きぐさ》

「黄草」は上羽絵惣の造語で、黄色みの強い緑色のこと。若草のように生気に満ち満ちた元気な緑色です。緑を見ると心がなごむ、という方は多くいます。ですが、ひと言で緑といっても、濃淡や他の色の混ざり具合などさまざま。それぞれを忠実に再現してみせる顔料職人の技術と心がこもった素敵な一色です。

- 誕生した時代 —— 近代
- 名前の由来 —— 黄みの強い草色
- おもな用途 —— 画材
- 顔料・染料 —— 顔料

色の配合　C 9 M 0 Y 90 K 40

青茶緑

あおちゃろく

誕生した時代 —— 近代
名前の由来 —— 青、茶、緑を混ぜた色
おもな用途 —— 画材
顔料・染料 —— 顔料

色の配合

C	62	M	23
Y	55	K	0

静寂な森に佇む針葉樹の深いグリーン

こちらも近代以降に生まれたアオサ色の新岩絵具。青みを帯びた茶色を「青茶」といいますが、そこにさらに緑を加えた色が青茶緑となります。日本の代表的な伝統色の一つである緑青《ろくしょう》に通じる色をしていますが、高価な孔雀石を原料とする緑青に比べて安価です。その他の新岩絵具も同じ系統の色の天然岩絵具よりも比較的安く手に入るので、日本画の初心者が練習用に使うのに向いています。

青、茶、緑という意外な取り合わせによるエメラルドグリーンに近い色は、静かな深い森の中に佇む針葉樹のような深みがあります。木々を描くのにも使えますが、湖や池などを描くのに用いても静寂閑雅な雰囲気をつくり出せます。

名所

香川県の栗林公園のような池や木々を塗るのに青茶緑の絵具はぴったり。（香川県観光協会）

純金と本朱のコラボレーションが豪華

純紫金末《じゅんしきんまつ》

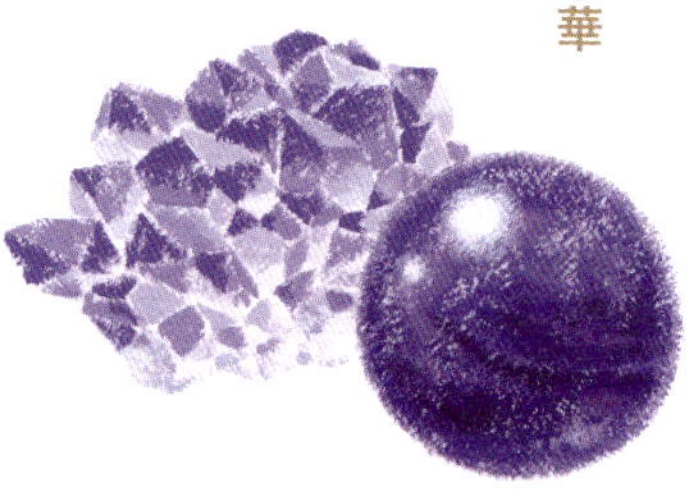

本朱に純金を混ぜ、焼いてつくられる顔料です。金を焼くことで紫を帯びた色になるため、この名前で呼ばれます。高価な原料同士の取り合わせのため、とても高級な品になりますが、色のもつ重厚感と時折り金が放つきらびやかさは伝統色の中でも指折りです。ここぞというポイントで絵に豪華さを与えてくれます。

- 名前の由来 —— 金を焼き紫にするため
- おもな用途 —— 画材
- 顔料・染料 —— 顔料

色の配合　C 49　M 60　Y 47　K 53

芸術力を高めるナチュラルカラー

黄碧玉末《きへきぎょくまつ》

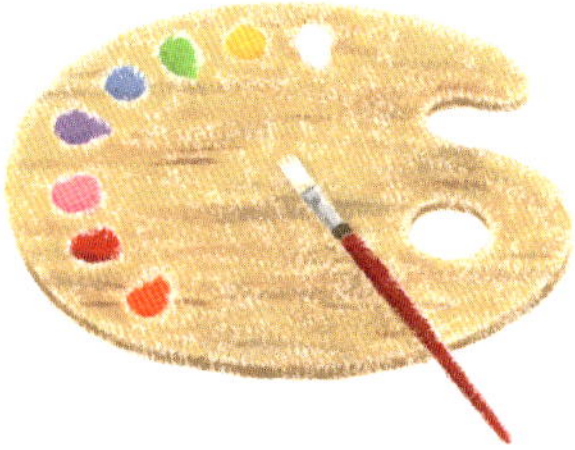

二酸化ケイ素や石英の結晶から成る不純物を含んだ鉱物を碧玉といいます。有名なものでは、日本三大名石の「佐渡の赤石」も碧玉の仲間です。黄碧玉末は碧玉のうち黄色系の石からつくられる岩絵具。黄碧玉はパワーストーンとしての人気もあり、芸術系に力を与えてくれるのだそう。絵にもそのパワーが注入されるかも。

- 誕生した時代 — 近代
- 名前の由来 — 原料に黄碧玉が使われる
- おもな用途 — 画材
- 顔料・染料 — 顔料

色の配合　C 0　M 0　Y 80　K 48

赤金《あかきん》

金と銅がつくり出す豪奢なゴールド色

金属としての赤金は金に2割から5割の銅を混ぜた合金をいいます。赤金という色の名前もここからきていますが、金に比べるとやや赤みがある印象です。赤金は仏像や装飾品などに見られます。金と銅を用いてつくられた「奈良の大仏」は今でこそ赤ばんだ銅色ですが、建造当初は豪奢な赤金色をしていたそうです。

- 名前の由来 —— 赤みを帯びた金色
- 代表的なモノ —— 金細工
- おもな用途 —— 工芸品、装飾品など
- 顔料・染料 —— 顔料

色の配合　C 43 M 53 Y 88 K 0

鉛丹《えんたん》

古代からある丹色のベース

鉛丹は四酸化三鉛を主成分とする丹色の原料ですが、独立した色として鉛丹と呼ぶ色もあります。鉛丹と丹色はほぼ同じ色でありながら、鉛丹には若干の黒みが加わります。古代においては卑弥呼と魏との交流に鉛丹の記録があり、正倉院の宝物の中にも鉛丹があります。戦前、鉛丹を塗装した車両も走っていました。

- 誕生した時代 —— 飛鳥時代以前
- 代表的なモノ —— 丹塗り
- おもな用途 —— 工芸品､建築物の塗装
- 顔料・染料 —— 顔料

色の配合　C 0 M 73 Y 65 K 5

お菓子や野菜まで秋を知らせる食の色

黄白

きびゃく

黄色がかった白色です。秋から冬にかけて旬を迎えるレンコンは、まさにそんな色。穴があるので「先が見える」と縁起のいい食べ物とされ、慶事に欠かせない野菜ですね。栗きんとん発祥の地・岐阜の中津川に、「栗くり金きん飩とん」という郷土菓子がありますが、このお菓子の色も黄白です。

- 誕生した時代 ―― 近代
- おもな用途 ―― 画材
- 顔料・染料 ―― 顔料

色の配合　C5 M5 Y40 K5

想像力を刺激する水墨画の濃淡

銀鼠

ぎんねず

水墨画には「墨に五彩あり」という格言があります。これは濃墨、焦墨、重墨、淡墨、清墨という濃淡のグラデーションの組み合わせによって、モノトーンによる絵が立体的に見えてきたり、白黒以外の色彩をもって見えてくるという意味です。現代の淡墨は銀鼠に通じていて、錫《すず》色《いろ》にも近い明度の高い灰色です。

- 誕生した時代 ―― 江戸時代
- 名前の由来 ―― 銀を感じさせる鼠色
- 顔料・染料 ―― 顔料と染料両方
- 別名 ―― 錫色

色の配合　C0 M3 Y5 K40

岩鼠

いわねずみ

- 名前の由来――岩絵具の鼠色
- おもな用途――画材
- 顔料・染料――顔料

色の配合

C	5	M	0
Y	0	K	60

いなせな江戸っ子の代表色

本章でも紹介している岩赤や岩紅、岩白といった色の「岩」は日本画の絵具であることを示しており、その中でも近代以降に人工鉱物を原料につくられた新しい岩絵具につけられる名前です。岩鼠は別名「墨灰末」ともいいます。「百鼠」といえばいなせな江戸っ子の流行色ですが、岩鼠はそうした鼠色の伝統を継承しています。

また、江戸時代の義賊として時代劇にも描かれる鼠小僧も鼠色の着物がトレードマーク。明治に出版された『役者錦絵帖』にも鼠色の衣装を着た鼠小僧の役者が描かれています。実際の姿はさておき、悪党から盗んだお金を貧しい人に分け与えたという庶民のヒーローは行動だけでなく、その服装も「粋」だったのかもしれませんね。

動　物

鼠の天敵である猫ですが、ロシアンブルーは岩鼠色です。

高価かつ高貴な「ほんまもん」の紫

本紫《ほんむらさき》

紫紺で染めた紫を本紫といいます。洋の東西を問わず、紫の染物は大変に手間がかかるために高価で、高貴な色とされてきました。いろいろな原料や手法が新たに見つかり、現在では紫は特別な色ではありません。しかし、それらをニセ紫とでも呼ぶかのように、この本紫が現存しているのですね。

- 誕生した時代 ―― 平安時代
- 好んだ人物 ―― 貴族
- おもな用途 ―― 高貴な人々の衣装
- 顔料・染料 ―― 染料

色の配合　C 64　M 85　Y 0　K 0

歌舞伎の女形でおなじみの紫色

若紫《わかむらさき》

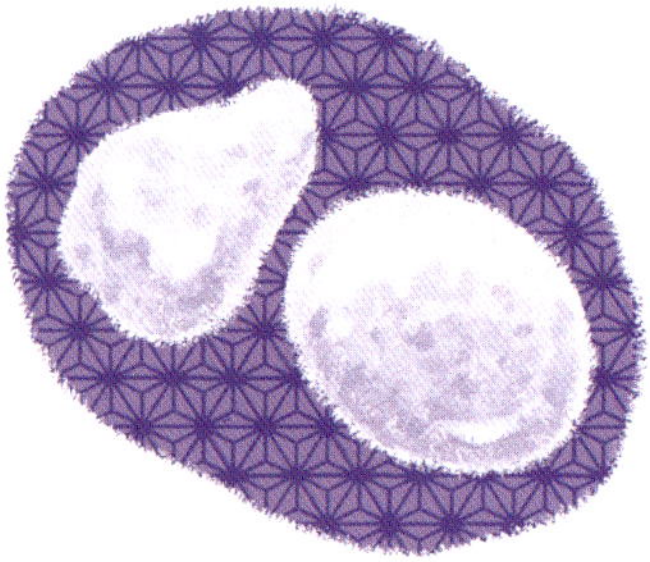

色味が薄く、明るい紫色のこと。「若紫」という言葉自体は、『源氏物語』『伊勢物語』にも登場しますが、色名として一般的に使われるようになったのは、江戸時代のことだそうです。

歌舞伎の女形が、前髪の剃り跡を隠すための手拭いを「野郎帽子」といいますが、これによく用いられる色です。

- 誕生した時代 ―― 平安時代
- 名前の由来 ―― 若々しい紫色
- 登場作品 ―― 『源氏物語』（紫式部）
- 顔料・染料 ―― 染料

色の配合　C 38　M 55　Y 13　K 0

上羽絵惣が生み出すオリジナル色。
秋と冬のイメージ色を紹介していきます。

金雲母《きらら》撫子《なでしこ》

〝一石二鳥〟の欲張り薄紅ゴールド

透明感のある淡く紫がかった薄紅色に、きらびやかで雲母のようなきらきらとした金色のラメ感も楽しめる、〝一石二鳥〟ともいえる欲張りなカラーが金雲母撫子。太陽の光を燦々と浴びているときの花・ナデシコの美しさをさらに引き出している色といっていいかもしれません。撫子は平安時代には「かさねの色目」の表現にも使われていた伝統色でもあり、佳麗な日本人女性の例えである大和撫子を感じていただけます。

▼着物や髪飾りに取り入れれば輝きに満ちた印象に。

京紅《きょうくれない》

京都で精製された上質な艶紅

平安時代の多くの女性が恋い焦がれた赤紫を感じさせる伝統色、京紅。上羽絵惣の京紅は、京紫に近い女性であることに喜びを感じるピンク色です。その名のもとは、京都特産の口紅のことでもあり、また、京都で染めた紅絹もこのように呼ばれています。明治〜昭和初期に活躍した小説家・上司小剣の小説『ごりがん』には、「水引には京紅が濃く塗ってあるので」と京紅が登場します。紅は文人や歌人が美しさや恋しさなどの秘めた想いを表現する色として古くから親しまれてきました。こんな京紅は、女性の心にエッセンスを与えてくれそうです。

古代岱赭

こだいたいしゃ

母なる大地と女性美の象徴

古さを連想させる色ですが、実際に古代に使われていた色というわけではなく、古代風の少し色あせた印象をもつ岱赭色になります。大地の力強さを連想させ、深みのある赤茶色の岱赭には、ゆるぎなさをも感じます。「母なる大地」とも呼ばれるように、大地は女性の象徴でもあります。女性の力強さ、また神秘的な魅力をも感じさせる色だからこそ、多くの人々に尊ばれるのでしょう。

▲京都・大原三千院の古代岱赭色の石でできた地蔵。

赤口瑪瑙

あかくちめのう

肌になじみ品のよさを演出する赤褐色

種類によってさまざまない色合いをもつ瑪瑙ですが、こちらの赤口瑪瑙は、光沢のある赤褐色のこと。「紅縞瑪瑙《べにしまめのう》」と呼ばれる鉱物の紅色部分を表現しています。

朱塗りの漆器で用いられる、橙色に近い薄い朱色である「洗朱《あらいしゅ》」ともよく似ており、風情のある色で、ネイルに用いれば透明感のあるヌーディーな仕上がりになります。日本人女性の肌色に自然になじむ穏やかな色は、秋のファッションにも活躍してくれます。ベースカラーに取り入れることで品ある女性の印象を高められることでしょう。

水茜

みずあかね

古くから親しまれた「茜」の派生色

「茜」は「藍」と並んで最古の植物染料の一つです。茜は鮮明な色は珍重されましたが、抽出するのがとても難しかったため、江戸時代には赤系の色は紅花か蘇芳《すおう》で抽出するのが主流になったようです。

茜は日本の山野でよく見られるつる草で、その細いヒゲ状の根から黄赤色の染料が採れるため、「赤根」、すなわち「あかね」という色名がつけられました。現在の東京・赤坂の地名は赤根に由来しているという説もあります。赤坂の付近ではかつて赤根が栽培されており、赤根山と呼ばれていました。この付近には坂が多かったため、のちに赤坂と呼ばれるようになったそうです。

「水茜」とは「茜さす水」の色

「茜さす」とは「日」などにかかる枕詞《まくらことば》で、万物が茜色に色づく様子を形容するものです。

つまり「水茜」とは「茜さす水」の色のこと。色としては桜貝のような柔らかなクリアな薄い赤としましたが、「水」は、潤い、浄化、流れ、透明、無垢など、さまざまな意味合いをもっています。

▲水池に赤い落ち葉がひらり、落ちたようなイメージ。

艶紅《つやべに》

優雅な艶やかさを演出する紅

古くから日本人女性の口紅や頬紅に多く使われた色が艶紅でした。光沢のある口紅という意味をもつその色は、深みのある真紅で、光の違いによってまぶしく感じるときさえある色。雅であでやかな色ですので、平安時代から近世まで女性の憧れであり、また、紅差指（薬指の別名）のように、女性とゆかりが深い色でもあります。そんな艶紅は、艶っぽい女性を演出し、かつ女性の凛々しい強さを感じさせてくれる色といえるでしょう。濃厚な赤が、日本人女性の美の根源といえるかもしれません。

金雲母《きんうんも》

さりげなくゴージャスな色

「金雲母」と名にあるように、きらきらとラメが入ったように輝くゴージャスな色です。とはいえ、華美過ぎることはなく、透明感と金の寛容さを伴っていて、他の色との組み合わせを楽しむこともできます。主張し過ぎる色として敬遠されることもある金色ですが、この金雲母であればそんな心配もありません。小物類などに取り込んで、さりげないゴージャス感を演出しましょう。

◀薄い板のような結晶が幾重にも重なる雲母。

鮮紅朱《せんこうしゅ》

情熱的でおめでたい鮮やかな紅色

鮮やかな朱色がかった紅色が上羽絵惣の「鮮紅朱」。少しオレンジ色を帯びた赤であり、神社の鳥居や朱塗りの漆器の色なども、この色に近いですね。

色自体からパッションがあふれ、この色のネイルの赤で彩られた指先は、性別を問わず、周りの視線を自然と奪うことでしょう。炎のような色が情熱をも感じさせてくれます。

▶イタリアンレッドのような情熱的な印象。

青口雲母《あおくちうんも》

真珠のような輝きを放つ青緑

雲母とは絵の具にきらきらとした光沢をもたせる顔料です。

青口雲母は、青といっても、例えば夏の海のようなビビッドな青ではありません。淡い青緑を帯びた灰色がベースであり、それに真珠のような上品な光沢を加えた色合いです。冬の曇天を思わせるような色でもありますが、他のカラーとの組み合わせによって、意外なニュアンスを発揮できる色です。

おみかん

寒い冬に元気をもたらすミカンの色

そのままずばり、ミカンのような色をいいます。今でこそ減ってはきていますが、日本の冬の風物詩として欠かせないものが「こたつとミカン」。厳しい冬の寒さの中にもどこか温かさを演出することができるのは、やっぱりこんな元気なミカンの色なのではないでしょうか。ちなみに京都では「おみかん」と呼ぶのは愛着の表現です。

日本ではミカンというと、温州ミカンを指すのが一般的です。温州ミカンの栽培が始まったのは、江戸時代の天保年間（１８３０~１８４４年）のこと。明治時代になると生産量が大幅に増加しました。それより以前に食されていたミカンが紀州ミカンです。温州ミカンよりやや小ぶりで種があるこのミカンは、江戸時代の豪商・紀伊國屋文左衛門《きのくにやぶんざえもん》が江戸に多く持ち込んだことで、人々に愛されるようになりました。

江戸時代から食用として好まれてきたミカンですが、今のように甘くはなかったといわれています。かなり酸っぱいのが当たり前だったようで、酸味を取るために焼いて食すこともあったとか。江戸時代は「こたつにミカン」ではなく、「囲炉裏にミカン」が冬の風物詩だったのかもしれませんね。

花や果実には、自然のものであるからこその美しい色をもつものが多くあります。おみかんの色もその一つ。服装にも黒や茶系といったダークな色合いが増える冬だからこそ、アクセントに使っていただくとお洒落さんって呼ばれますよ。

第6章

そのほか由来の伝統色

かつて日本人は、目に入るものを染物や絵画などに使う色として再現することに成功しました。土や鉱物、自然や食物など森羅万象を表現した伝統色の数々を解説していきます。

京緋色

きょうひいろ

- 誕生した時代——奈良時代
- 好んだ人物——貴族
- おもな用途——貴族の衣装
- 顔料・染料——染料

色の配合

C	0	M	90
Y	95	K	0

京都で染められた上質な緋色

緋色とは茜染でつくられる黄色みがかった赤で、平安時代以前から使われてきた色です。「緋」というのは太陽や炎の燃え盛るような火の色を表しています。

8世紀末の平安遷都から千年以上にわたって皇室の住まいが置かれていた京都には、雅で上質な公家文化が浸透しました。そのため京都でつくられたものには他所とは一線を画す名前がつけられ、現代でいう高級ブランドのような価値を生み出しました。色でいえば京紫《きょうむらさき》、京鼠《きょうねずみ》などで、京緋色もその一つです。

江戸の憧れの色が江戸紫ならば、京都の憧れの色は京緋色といわれたぐらいで、当時は京緋色を身にまとうことはファッション偏差値が高い人の証だったのです。

風景

太陽や燃え盛る火をイメージしている緋色。

食欲が湧き立つ鮭の身の色

鮭色《さけいろ》

あまり知られていませんが、鮭は本来は白身魚に分類され、もともとは白い身をしています。いわゆる「サーモンピンク」と呼ばれる色は、鮭が自然界で得る餌の中に含まれるアスタキサンチンという赤い色素を取り込むことで生まれます。明治以降に生まれた鮭色は、日本の伝統色の中でも珍しい魚に関する名前です。

- 誕生した時代 ── 明治時代
- 名前の由来 ── 鮭の身の色
- 顔料・染料 ── 顔料
- 英名 ── サーモンピンク

色の配合　C 0　M 45　Y 45　K 0

古風な趣を醸す京町屋の象徴

弁柄色《べんがらいろ》

京都あるいは小京都と呼ばれる土地の家並みには、弁柄格子という装飾が見られます。弁柄の原料となる酸化鉄を含んだ赤土は世界各地で採れますが、インド北東部のベンガル地方で多く産出されたことから、この地名にちなんだ名前が総称となりました。また、弥生土器にも弁柄の塗装が行われていました。

- 誕生した時代 ── 戦国〜江戸時代
- 名前の由来 ── インドのベンガル地方
- 英名 ── インディアンレッド
- 顔料・染料 ── 顔料

色の配合　C 0　M 75　Y 56　K 35

岱赭

たいしゃ

- 誕生した時代——江戸時代
- 名前の由来——中国の代州で採れる赭土
- おもな用途——画材
- 顔料・染料——顔料

色の配合

C 0	M 70
Y 84	K 30

日本画の重要画材・酸化鉄の紅褐色

群青、緑青、朱、墨などと並び、日本画で最も古くからある画材の一つ。絵具の種類が限られていた古代から中世には重要な絵具でした。中国にかつてあった岱州《たいしゅう》（現在の山西省）で採れた赭土《しゃど》（赤土の一種）が上質な顔料だったことから、岱州赭と呼ばれていたものがやがて略され「岱赭」となりました。酸化鉄と過酸化マンガンを含む赭土からつくられる岱赭はココアのような紅褐色で、土や樹木などの色を描くのに適しています。同じ酸化鉄の成分をもつ弁柄とも近い顔料です。

日本では黄土で代用されることもありますが、昭和中期に書かれた『東洋絵具考』には、新潟の佐渡、愛知の春日井、岐阜の大垣などで国産の岱赭が算出されたという記述があります。

文学

街の角々には
代赭色の夏服着た
厳めしい兵士が控へて
『津軽海峡』島崎藤村

解説
日本の自然主義文学を代表する作家・島崎藤村の作品にも登場します。兵士の服を代赭色と描写しています。

レトロな洋風建築を象徴する赤褐色

煉瓦色《れんがいろ》

原料の粘土の中に鉄分を含む煉瓦は酸化によって赤みを深め、それが独特な味わいを生みます。西洋から持ち込まれた赤煉瓦の製法は、明治の近代化で各地に伝わり、東京駅など当時の色を偲ばす洋風建築には今でも煉瓦色が見られます。時代の建築を象徴する煉瓦は当時の文学作品にも多く登場しています。

- 誕生した時代 ―― 明治時代
- 名前の由来 ―― 煉瓦の色
- 代表的なモノ ―― 東京駅駅舎
- 顔料・染料 ―― 顔料

色の配合　C 17　M 62　Y 100　K 19

代々の市川團十郎が受け継いできた柿色

團十郎茶《だんじゅうろうちゃ》

江戸のファッションリーダーは、庶民のスターである歌舞伎役者でした。当時の役者絵には奇抜な衣装が描かれ、色も小紋も歌舞伎から庶民に伝播。歴史ある「成田屋」の大名跡《だいみょうせき》・市川團十郎が襲名披露などでまとったのが團十郎茶の裃《かみしも》です。今は空席の市川團十郎ですが、再びその勇姿が見られるかもしれませんね。

- 誕生した時代 ―― 江戸時代
- 名前の由来 ―― 市川團十郎の衣装
- 好んだ人物 ―― 歌舞伎役者
- 顔料・染料 ―― 染料

色の配合　C 0　M 50　Y 60　K 45

大陸の荒野に広がる大地のアースカラー

黄土《おうど》

黄土は人類史上、最も古い顔料の一つ。子どもの水彩絵具の中にも、たいてい黄土色が含まれています。日本ではあまり実感がありませんが、北半球の地表の大半は黄土で覆われていて、草木のない荒野はまさしく黄土色の世界。そして、大陸から飛来した土を集めて精製されたのが黄土色の顔料なのです。

- 誕生した時代 ── 先史
- おもな用途 ── 画材、土壁の塗料
- 顔料・染料 ── 顔料
- 別名 ── オーカー

色の配合　C 17 M 51 Y 97 K 2

冬の枯れた草原を彷彿とさせる

枯野《かれの》

枯野は冬の草木の枯れた草原の色を表しており、四季の移ろいがある日本だからこそ生まれた色ともいえます。冬の季語にされており、夏目漱石は「吾が影の吹かれて長き枯野かな」という句を残しています。ベージュがかった白は自然界の生き物たちが眠りを迎えた季節の一抹の寂しさを思い起こさせます。

- 誕生した時代 ── 平安時代
- 名前の由来 ── 枯れた野原のような色
- おもな用途 ── 冬の装い
- 顔料・染料 ── 染料

色の配合　C 0 M 15 Y 40 K 10

砥の粉

とのこ

名前の由来――砥の粉の色
おもな用途――画材
顔料・染料――顔料

色の配合

C	2	M	23
Y	41	K	0

砥石の粉に見られる橙を帯びた白

砥の粉は砥石粉の色のことです。そもそもは副産物的なものですが、砥の粉の利用用途は幅広く、漆工芸の下塗りのほか、桐簞笥のような木製家具の仕上げにも用いられます。木材の細かな空洞に浸透する砥の粉は、腐食防止にも効果があります。明治時代以前には化粧の下塗りにも使われていました。

さらに砥の粉は日本刀とも深い関わりがあります。刀の美しさを左右する刃紋を焼き入れるときに使われる焼刀土は砥の粉に粘土や炭を混ぜたもの。また、時代劇で侍が刀をポンポンと叩いている丸い玉は、紙で包んだ砥の粉を布でくるんだもので、砥の粉をふりかけることで刀についた汚れを見つけやすくできたのです。

原料

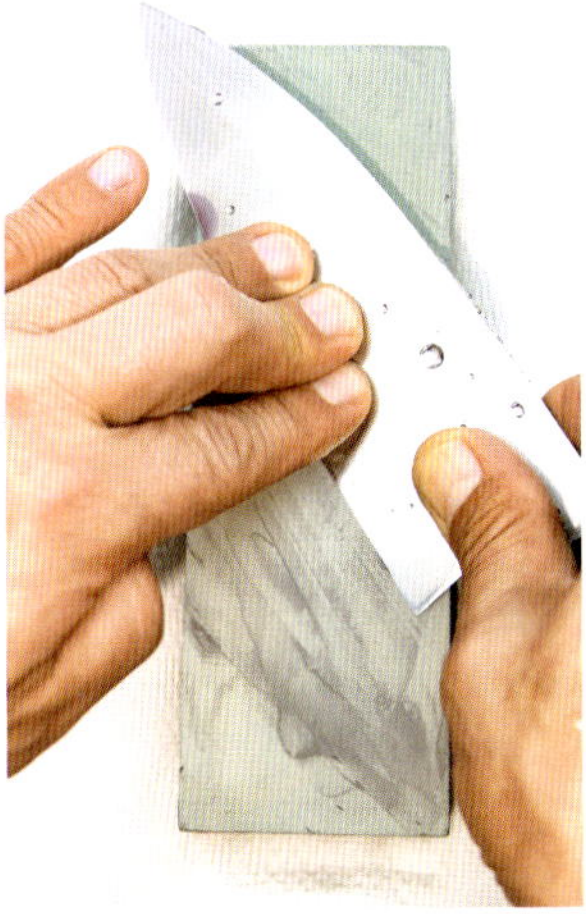

大きな石から砥石を切り出すとき出てくる粉が砥の粉です。

曙色

あけぼのいろ

- 誕生した時代 ― 平安時代
- 名前の由来 ― 夜明けの空の色
- 登場作品 ―『枕草子』（清少納言）
- 顔料・染料 ― 染料

色の配合

C	0	M	30
Y	15	K	3

夜明けの東の空を染めるご来光色

曙とは日の出の前にうっすらと明るくなっていく空のことです。曙色は、そのさまから生まれた色といわれています。新しい歴史が始まることを「あけぼの」というように、とても前向きな印象をもっている言葉といえるでしょう。

着物の染め方の中には、白地の裾を赤や紫でぼかして染める茜染という手法があります。また、自然界にはアケボノツツジやアケボノスミレのように曙色の花を咲かせる植物もあります。

なお、曙と同様の意味をもつ言葉に東雲《しののめ》があります。京都で生まれた曙色は江戸時代の中期には東雲色と呼ばれ大変な流行色になりました。

文学

曙色か浅緑の
簡単な服を着て、
面紗《ヴェール》をかけて
『葬列』石川啄木

解説
石川啄木の『葬列』という作品中、女性の服の描写で曙色が登場します。

植物

花の色と似ているからでしょうか。桜のことを曙草といいます。

一斤染

いっこんぞめ

- 誕生した時代 ―― 平安時代
- 名前の由来 ―― 紅花一斤で布を染めた
- おもな用途 ―― 庶民の装い
- 顔料・染料 ―― 染料

色の配合

C	0	M	25
Y	16	K	0

平安時代の紅のスタンダード

平安時代、紅花は高価だったため、上流階級以外が大量に使用するのを禁止されていました。その頃に染色の濃度の基準とされていたのが一斤染だったといわれています。一斤染は、絹一疋（二反）を一斤（600グラム）の紅花で染めたときに表れる色を指します。当時はこれより濃い色に染めることは庶民にとってタブーだったのです。

同じ紅花を原料とする今様色はもちろん、薄紅色と比べても一斤染の色は淡く、平安時代の人々の節約具合がうかがえます。現代の色に置き換えれば可愛いピンクに見えますが、昔のお洒落好きの女性たちにとっては悩ましい色だったことでしょう。実際のところ、これより濃い色に染める女性が絶えなかったともいわれています。

食物

斤とは、重さの単位です。現在でも食パンを数えるときに使われますね。

今様色

いまよういろ

- 誕生した時代 —— 平安時代
- 名前の由来 —— 流行色
- おもな用途 —— 春の装い
- 顔料・染料 —— 染料

色の配合

C	0	M	30
Y	15	K	5

平安時代のトレンドカラー

現代でも時期ごとに流行色が登場しますが、平安時代にも同じような文化があったようです。今様色の「今様」というのは昔の言葉で今はやりという意味で、当時の貴族の間で人気が高かった桃色を表します。

平安時代には一斤染が紅花染の基準でありましたが、階級のちがいによっても表現される今様があり、色の濃淡は時々によって違ったようで、紅梅のような濃い色が今様色と呼ばれたこともあったといいます。

今様色は『源氏物語』の中にも度々登場し、世紀のプレイボーイだった光源氏も最愛の妻だった紫上には今様色の着物を贈っています。昔からはやりのものをプレゼントすることは、好きな人の心を掴むのには恰好の手段だったのでしょうね。

衣装

流行色という意味の「今様色」。現代でもファッションの世界から新しい流行色が生まれていることと同じですね。

臙脂《えんじ》

- 誕生した時代 ── 奈良時代
- 代表的なモノ ── 上履きなど
- 登場作品 ── 『みだれ髪』（与謝野晶子）
- 顔料・染料 ── 顔料と染料両方

色の配合

C	44	M	98
Y	76	K	0

暗く濃厚な赤は熱い想いも語る

「臙」というのはあまり見慣れない漢字ですが、臙脂はもともと奈良時代に中国から伝来した色です。その色をつくる原料は、時代によってさまざま。天然原料の臙脂の製法には、紅花を原料にした「正臙脂」や、虫から色素を抽出してつくる「生臙脂（生円子）」などがあります。

その名前は中国の紅花の産地・燕支山に由来するといわれています。なお、与謝野晶子が『みだれ髪』の中で、「臙脂色は誰にかたらむ地のゆらぎ　春のおもひのさかりの命」と燃え盛る思いを臙脂に例えて表現したことは特に有名。また、加賀友禅では藍・草・黄土・古代紫と臙脂を「友禅五彩」の基調色にして伝統を守っています。

風景

臙脂色はよく舞台の緞帳（どんちょう）にも使われています。

黄金色

おうごんいろ

- 登場作品――『宇津保物語』
- 顔料・染料――顔料
- 別名――こがねいろ、くがね

色の配合

C	0	M	30
Y	100	K	20

日常の喜びの中にもある黄金の輝き

かつて後漢の光武帝から倭国（日本）に贈られた「漢委奴国王《かんのわのなのこくおう》」の金印を見て、古代の人々はどんな反応を見せたのでしょう。それから日本でも高い価値をもつようになった黄金は、京都の平等院鳳凰堂や金閣寺、平泉・中尊寺の金色堂のように、時の権力者たちのステータスの象徴として利用されました。しかしながら、たとえ金銭的な価値は低くとも、我々の生活の中には別の黄金色があふれていることにも気づくはず。生命力を放ちながら空に昇る朝日、五穀豊穣の表れである稲穂の実り、あるいはキンキンに冷えたグラスに注がれた仕事終わりのビールの色……。お金には代えられない日常の「喜び」の中にも黄金色は存在しているのです。

風景

水面に陽があたり、黄金色に輝くさまを「黄金の波」といいます。

美しさと誘惑の
魔力を併せもつ

金《きん》

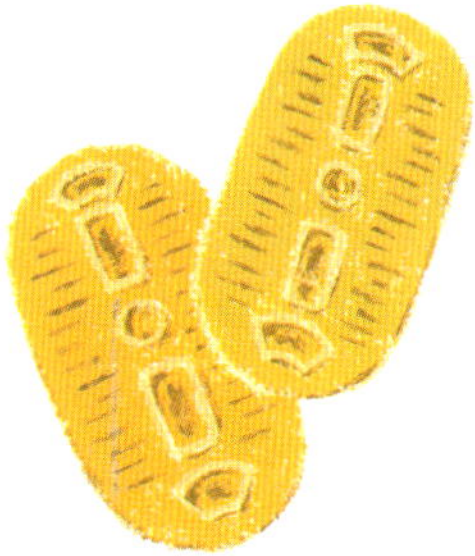

金は権力の象徴ともいえる色。歴史上の人物でこの色を特に好んだのは豊臣秀吉でした。秀吉に仕えた絵師・狩野永徳は『唐獅子《からじし》図屏風《ずびょうぶ》』のように金箔を多用した障壁画や屏風図を残しました。また、秀吉は黄金の茶室をつくり、侘《わ》び寂《さ》びの精神を通した千利休との間に溝をつくったことも有名ですね。

- 誕生した時代 —— 飛鳥時代以前
- 好んだ人物 —— 天皇、武将など
- おもな用途 —— 富や権威の象徴
- 代表的なモノ —— 金閣寺

色の配合　C 0　M 25　Y 100　K 20

仁明天皇の愛した
黄菊の花

承和色《そがいろ》

平安時代初期の承和《じょうわ》年間（834～848年）に即位した仁明《にんみょう》天皇に由来しています。仁明天皇は身の回りのものを黄色で統一し、その中でもとりわけ愛したのが黄菊でした。黄菊は今でも「承和菊」と呼ばれ、その花の色が承和色なのです。「そが」は「じょうわ」が転じた読み方で、「じょうわいろ」ともいいます。

- 誕生した時代 —— 平安時代
- 好んだ人物 —— 仁明《にんみょう》天皇
- 名前の由来 —— 仁明天皇が統治した年号
- 顔料・染料 —— 染料

色の配合　C 0　M 9　Y 85　K 0

玉子色《たまごいろ》

- 誕生した時代——江戸時代
- 名前の由来——玉子の黄身の色
- 代表的な食べ物——玉子焼き
- 顔料・染料——染料

色の配合

C	0	M	31
Y	66	K	0

殻の中に包まれた黄身の優しい色

玉子色は、赤みがかった濃厚な黄色をしています。卵が食用とされるようになったのは江戸時代初期頃のこと。当時は高級品で、西洋の文化が流入して世間に根づき、日本の食文化になりました。食用しなければ卵を割る必要もないので、おそらく玉子色が確立したのは食文化の変化と無縁ではないでしょう。白熱灯の灯りにも通じる色は見る人に安心感を与えます。また、夏の風物詩の冷やし中華は、中華料理をもとに日本で生まれた料理。キュウリ、もやし、ハムや紅ショウガなどの具の中で、黄色く輝きを放っているのが錦糸玉子です。緑、白、赤、黄と視覚でもおいしさが伝わるような一皿は、日本人の美意識を暗に表しているともいえるでしょう。

食物

子どもたちの大好きな玉子かけごはん。まさに玉子色です。

星の光にも例えられる色

銀《ぎん》

金と並び財宝の代名詞のような銀。金に比べると銀にはよりひかえめな雰囲気があり、青みがかった白である白銀からもそれが伝わってきます。また、我々は夜空に棚引く星の群れを「銀河」といいます。古《いにしえ》の人は天の川の光に銀を重ねたのです。また、銀世界、銀行、銀座など銀にまつわる言葉も数多くあります。

- 名前の由来 —— 銀
- おもな用途 —— 通貨
- 英名 —— シルバー

色の配合　C 5 M 3 Y 0 K 40

銀にみえる金
プラチナカラー

白金《はっきん》

白く輝く雪の色に近いのがこの色です。現代ではプラチナのほうが一般的ですね。貴金属の中でも特に希少でまばゆい光を連想させます。「白金に黄金に柩寒からず」とは、英国留学時代に女王の葬儀を見た夏目漱石が、豪奢な棺を目の当たりにしたときの思いを書き、高浜虚子に宛てた一句です。

- 誕生した時代 — 江戸時代
- 代表的なモノ — アクセサリー
- 別名 —— プラチナ

色の配合　C 5 M 0 Y 0 K 18

鈍色

にびいろ

- 誕生した時代 ― 平安時代
- おもな用途 ― 喪服
- 顔料・染料 ― 染料
- 別名 ― 鈍色《にぶいろ》、鈍色《どんじき》、錫紵《しゃくしゅ》

色の配合

C	0	M	0
Y	0	K	75

凶時を表す晴れない鼠色

平安時代において鈍色は喪服の色などに使われる凶色でした。薄墨に藍がかった鼠色で、柏や椚《くぬぎ》といった木の樹皮を原料にして染料がつくられましたが、その他の原料を使っても同系の色はまとめて鈍色と呼ばれたそうです。

古い書物の中には鈍色を「どんじき」と読むものがありますが、この読みは主にお坊さんが着る袈裟の色を表ときに使われていました。天皇も身近な人に不幸があったときには鈍色の装束を着ます。この鈍色には「錫紵《しゃくしゅ》」という別の名前がつけられています。

曇り空を「鈍色の空」と表現することがありますが、そうしたどんよりとした空模様とリンクするように、鈍色は心の中が晴れないときの色といえます。

風景

冬の曇り空も鈍色のイメージですね。

主役にも脇役にも
なれる光彩

雲母《うんも》

雲母はアルミニウム、カリウムなどを含む酸塩鉱物です。雲母からつくられる岩絵具は、ほぼ無色透明ですが、細かな結晶に光があたると乱反射してきらきら輝くため、「きら」という名でも呼ばれます。絵画では他の顔料と合わせて光彩を出すのに用いられます。金雲母など独立した名前をもつ顔料もあります。

- 名前の由来 ―― 鉱物
- おもな用途 ―― 画材
- 顔料・染料 ―― 顔料
- 別名 ―― きら、きらら、マイカ

色の配合　C 3 M 2 Y 2 K 0

神話の時代から
親しまれてきた鉱物

瑪瑙末《めのうまつ》

日本神話の三種の神器に「八尺瓊勾玉《やさかにのまがたま》」があります。その勾玉づくりで有名なのが出雲大社からも近い島根の玉造です。玉造の花仙山《かせんざん》では質のよい瑪瑙が採れ、古墳時代からすでに瑪瑙の勾玉がつくられていました。瑪瑙は多数の色を持つ鉱物ですが、色としての瑪瑙は日本人の肌色にも通じる赤みのあるベージュです。

- 名前の由来 ―― 鉱物
- おもな用途 ―― 画材
- 顔料・染料 ―― 顔料

色の配合　C 0 M 50 Y 54 K 0

氷色

こおりいろ

- 誕生した時代――平安時代
- 名前の由来――氷のような色
- おもな用途――冬の装い
- 顔料・染料――染料

色の配合

C	4	M	2
Y	0	K	4

氷河、あるいは流氷が見せる極薄の青

氷は無色透明ですが、南米パタゴニアのロス・グラシアレス国立公園などで見られる大氷河は透き通るような淡いブルーをしています。氷河が太陽光の中の青い光だけを反射しているからで、これが南極ともなると見渡す限りが氷色の世界になります。

日本にこのような大氷河はありませんが、冬の北の海に流れ着く流氷も青さを放つ氷色です。しかしながら、氷色が生まれた平安時代に、蝦夷《えぞ》と呼ばれた都から遠い地の流氷を色に例えたというのも想像しづらいので、氷色はつららなどから連想された色なのかもしれませんね。

なお、つやのある白と白無地を重ねた着物の色目は「氷」といい、冬のかさねの傑作とされています。また、白い鳥の子紙を二枚重ねたものを氷がさねといいます。

風景

昔の人は、北国の冬の風物詩・つららや凍った湖を見て氷色と名づけたのかもしれません。

繊細な色彩感覚が生んだ霞の色

霞色《かすみいろ》

ほんのわずかに紫色がかった、ごく薄い鼠色。木立の中や水辺などにうっすらと立ち込める霞を表したような色です。霞は水蒸気ですから本来真っ白なはずですが、この色を見ると確かに霞らしさを感じます。なお、「霞の衣」というのは衣装を霞に見立てたもので、霞色ではなく、鼠色の喪服のことです。

- 誕生した時代 ── 平安時代
- 名前の由来 ── 霞のようにうっすらした色
- 登場作品 ── 『延喜式《えんぎしき》』
- 顔料・染料 ── 染料

色の配合　C 8　M 10　Y 0　K 5

質素な侘び茶を貫いた千利休ゆかりの色

利休白茶《りきゅうしらちゃ》

派手を愛する豊臣秀吉と論を違わせ、最期は謎の切腹で生涯を閉じた茶人・千利休は、今でいうデザイナー的な才能ももち合わせていました。「利休鼠」「利休生壁」など利休にちなんだ色もあり、利休白茶もその一つ。その色はどれも静寂が漂い、「侘び茶」を貫いた利休の人柄そのものを表しているかのようです。

- 誕生した時代 ── 江戸時代
- 名前の由来 ── 千利休をイメージした色
- 好んだ人物 ── 江戸時代の茶人
- 顔料・染料 ── 染料

色の配合　C 0　M 1　Y 20　K 15

瓶覗

かめのぞき

- 誕生した時代――江戸時代
- 名前の由来――瓶を覗くくらい少量の藍で浸す
- 顔料・染料――染料
- 別名――覗き色

色の配合

C	46	M	8
Y	21	K	0

瓶の水に映る空のような明色

染料の中でも代表的な藍を使って染める、ごく薄い青です。この何とも変わった名前の由来は、染めるときに「(藍が入った瓶に)覗くぐらい」、つまり軽く浸すことから。ほとんど白に近いほど薄い色ながら白ではないため、藍白と同じく「白殺し」という江戸っ子らしいヒネリを感じさせる異名もあったそうです。

風景

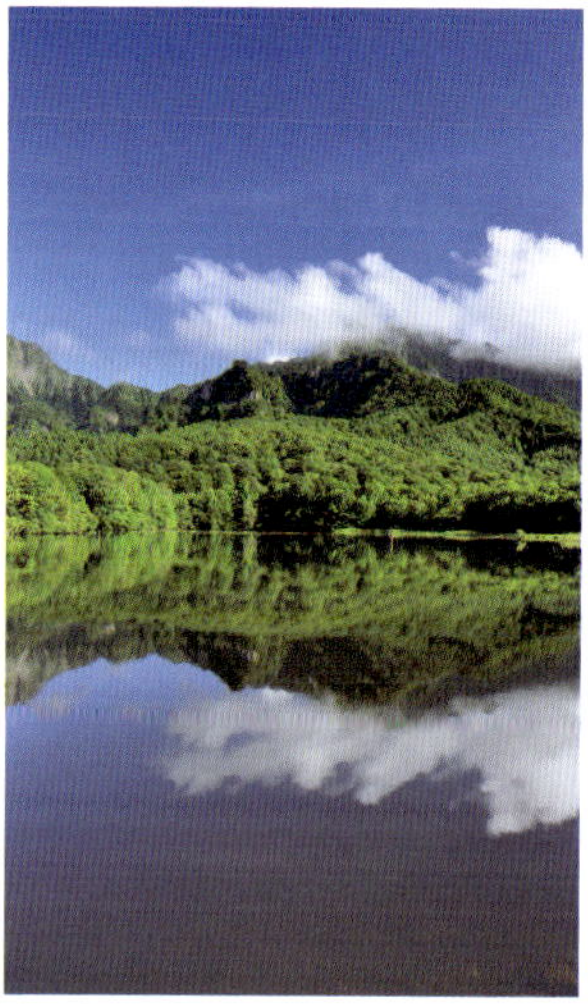

水に映った空を人が覗き見た色が由来という説もあるようです。

当時の人の息遣いまでが聞こえてきそうな、生活感と躍動感にあふれる話です。

藍色は江戸時代の奢侈禁止令《しゃしきんしれい》では禁止されなかったということもあり、染めの色にも実に多くのバリエーションが生まれ、瓶覗は、伊達な色のグラデーションの中で、淡い部類の色になりました。

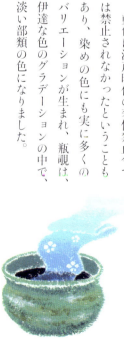

空や植物を反射した澄み切った水の色

水色《みずいろ》

澄んだ水を表現する水色は、淡い青色です。浅葱《あさぎ》色と同じ色として扱われることもあります。ご存じのとおり、水は無色透明ですが、快晴時の空や、植物の色を反射したその色合いが淡い青色に見えたことから、昔の人が水色と名をつけました。また『万葉集』では「水縹《みなはだ》」と呼ばれていた色です。

- 誕生した時代 ── 平安時代
- 名前の由来 ── 澄んだ水のような色
- おもな用途 ── 画材
- 顔料・染料 ── 顔料

色の配合　C 54 M 1 Y 17 K 0

晴れ渡る空のさわやかな青

空色《そらいろ》（天色）

よく晴れた空を思わせる、陽気な青色です。同じ色で「碧天《へきてん》」と呼ばれることもあります。平安時代から使われてきた伝統色で、明治後期～大正にかけて一般に普及しました。空の色は、灰色のときも、黒いときもあります。さわやかな青を空色と呼ぶのは、青空のときの晴れやかな気分も表しているようです。

- 誕生した時代 ── 平安時代
- 名前の由来 ── 晴れた日の空のような色
- 登場作品 ── 『源氏物語』（紫式部）
- 英名 ── スカイブルー

色の配合　C 52 M 12 Y 0 K 0

新橋色

しんばしいろ

- 誕生した時代 ── 明治中期
- 名前の由来 ── 東京の地名
- 別名 ── 金春色《こんぱるいろ》
- 英名 ── ターコイズブルー

色の配合

C	65	M	4
Y	18	K	0

新風を吹き込んだ西洋の青

明治の文明開化で生まれた、伝統色の中では比較的新しい色です。

今ではサラリーマンの街というイメージが色濃い新橋ですが、明治中頃には政界、実業界の要人らが集まる社交場として機能し、現在の銀座の金春通りあたりには人気の花街が置かれていました。当時、東京の花柳界の中でも最高級とされた新橋の芸妓衆は競って斬新な色を取り入れ、そこから新しい流行が発信されました。

海外から次々と化学染料が流入した時代、とりわけ進歩を遂げたのが青の染色技術でした。それを反映し彗星のように登場したターコイズブルーは芸妓を艶っぽく彩り新橋色と呼ばれるようになったのでした。

風景

名前の由来となった新橋。今ではこんなにビルが建ち並んでいます。

紺碧

こんぺき

- よく使う表現 ― 紺碧の海、紺碧の空など
- 英名 ― アジュール
- 顔料・染料 ― 顔料

色の配合

C 81	M 34
Y 13	K 0

日本の原風景に結びつく青

紺碧と聞いて思い浮かべるのは「紺碧の空」や「紺碧の海」などでしょうか。深い藍色の紺と濃い青緑の碧色が混合された紺碧は、雄大な自然を思い起こさせます。また、紺碧にはどこまでも吸い込まれそうな引力があります。

フランスの「コートダジュール」は和訳すると「紺碧海岸」となりますが、西洋や南洋の海の明るい青さに比べれば、日本の海の深みのある青のほうがより紺碧に近いのかもしれません。

また、葛飾北斎の『富嶽三十六景』に描かれる紺碧の空の下に映える富士山は、日本人のみならず外国人も日本の原風景としてイメージするものです。また、紺碧の表現は数々の文学にも登場します。紺碧は日本人の美意識に遺伝子のようにある色といえるのです。

名所

その名もずばり「紺碧海岸」のフランス・コートダジュール。

納戸色

なんどいろ

- 誕生した時代 ―― 江戸時代
- 登場作品 ―― 『吾輩は猫である』(夏目漱石)
- 好んだ人物 ―― 明治・大正の女性
- 顔料・染料 ―― 染料

色の配合

C	91	M	58
Y	50	K	0

納戸の名の由来は諸説あり

緑のまざった藍色です。色名の由来は諸説あり、納戸の薄暗さを例えた色という説。衣服や調度品を収める納戸(物置)の入口に引かれていた幕の色という説。納戸に出入りする調度の出納を担当した者がきていた服の色という説。一度に大量に染めた藍色の布を納戸にしまっておくとその色が時とともに褪せて落ち着いたという説もあります。

風景

納戸は服などをしまう部屋、今でいうクローゼットですね。

藍染の色で、一時は男性の着物の裏地の色として人気を集め、江戸末期には婦人の着物の色にも多く用いられるようになり、明治、大正まで女性の間でもはやりました。『吾輩は猫である』では、泥棒の格好を納戸色の帯を結んだと描写しています。

掲色（褐色）

かちいろ

- 名前の由来——濃く染めるために掲《か》つことから
- 好んだ人物——武士
- 代表的なモノ——褐色縅《かちいろおどし》
- 顔料・染料——染料

色の配合

C	60	M	45
Y	0	K	85

縁起を担いで武者が身につけた色

「かっしょく」と聞くと暗い赤茶色を思い浮かべますが、伝統色の褐色は「かちいろ」と読み、ほぼ黒に近いほど濃く仕上げられた藍染の色をいいます。名前の語源は、藍を強く染め込むために「掲《か》つ」ことからで、江戸時代には「かちんいろ」とも。

平安時代には貴族などに仕える身分の者が着た色でしたが、武士が力をもつようになった鎌倉時代には褐の「かち」という音が「勝ち」に通じることから、縁起のよい色として鎧の縅や祝いごとの席に多く用いられるようになりました。現代でも剣道着に使われていて、その語呂のよさもさることながら、非常に濃い藍色は、まとう人の決意の強さを感じさせるとともに、勝利を得られるような「強い」色と思われます。

服

剣道着に使われている褐色。

媚茶

こびちゃ

- 誕生した時代——江戸時代
- 名前の由来——「昆布茶」が訛ったもの
- 好んだ人物——江戸時代の庶民
- 顔料・染料——染料

色の配合

C	0	M	3
Y	50	K	70

質素かつ洒落な江戸のブームカラー

江戸の流行色「四十八茶百鼠」の中でも特に人気の高かった色です。「四十八茶」とは茶色から生まれた中間色ですが、その中には茶色とかけ離れた色もあり、ご覧のとおり媚茶もどちらかというとオリーブに近い色をしています。媚茶は昆布茶の色からつけられ同じような読みの「媚」があてられました。媚びることができるほどの色っぽい色だったそうです。

天然染料の媚茶は、ヤマモモの樹皮を煮出してつくられました。また、かつて服飾の見本だった雛形本には媚茶についての記述が多く見られ、江戸時代中期には何度かにわたってブームを起こしました。庶民の贅沢が禁じられた時代には、媚茶のような質素かつ洒落た色が求められたのです。

原料

媚茶はヤマモモの皮を使って色がつくられます。ちなみに樹皮を乾燥したものは、下痢の薬にも使われます。

江戸っ子好みの「粋」と「渋み」

根岸色《ねぎしいろ》

根岸というのは東京の台東区根岸という地名のこと。駅でいうとJR山手線鶯谷駅のあたりになり、上野公園の高台から北東側のふもとに当たる場所です。ここで採れた上質の壁土の色のことを根岸色と呼びました。黄色みのある暗い茶色です。一見地味に見えますが、江戸時代の人々は「粋」「渋い」といって好みました。

- 誕生した時代 ―― 江戸時代
- 名前の由来 ―― 東京・台東区の地名
- 好んだ人物 ―― 江戸時代の庶民

色の配合　C 53　M 45　Y 58　K 0

長寿への思いが重ねられた深緑

千歳緑《せんざいみどり》（柊）

「千歳」とは千年のこと。千年経っても変わらない緑という意味をもつ縁起のよい色です。その色は松のような常磐木の深緑。寒い季節も変わらずに葉をつける常磐木に昔の人は長寿を思い浮かべ、この色をつくったのです。なお、千歳緑の茶を強めると「千歳茶」となり、こちらも江戸時代後期には大変な流行色となりました。

- 誕生した時代 ―― 平安時代
- 名前の由来 ―― 常磐を強調することば
- おもな用途 ―― 冬の装い
- 顔料・染料 ―― 染料

色の配合　C 70　M 0　Y 70　K 70

青磁色

せいじいろ

- 誕生した時代——平安時代
- 名前の由来——青磁の焼き物の色
- おもな用途——春の着物
- 顔料・染料——顔料

色の配合

C	50	M	0
Y	44	K	0

歴代皇帝を魅了した青磁の「秘色」

古代中国の唐の時代、時の人々は陶磁器に翡翠の色を再現しようとし、浙江省《せっこうしょう》の越州窯《えっしゅうよう》で青磁が生み出されました。青磁の土と釉《うわぐすり》には微量の鉄が含まれ、これを高温で焼くことで青みがかった独特の乳白色が生まれます。青磁色とは名前のとおり、この青磁の色のことをいいます。

唐において青磁は皇帝への供え物として珍重され、庶民が青磁をもつことは固く禁じられました。そのため青磁色は「秘色」ともいい、鎌倉時代に中国の青磁が多く輸入された日本の文献にも秘色という記述が見られます。

江戸時代の鍋島藩（現在の佐賀県）では積極的に国産青磁がつくられました。宋代などの青磁は現代も中国で国宝級の価値をもっています。

文学

森鷗外の『青年』の中に「青磁色の鶉縮緬《うずらちりめん》に三つ紋を縫わせた羽織を襲かさねて～」と夫人を描写する文章で青磁色が登場します。（新潮社文庫刊）

お江戸のいなせな新時代の紫

江戸紫

えどむらさき

江戸中期の国学者・賀茂《かもの》真淵《まぶち》は「紫のめもはるばるといづる日に霞いろこき武蔵野の原」という歌を詠んでいます。江戸が置かれる以前の武蔵野は草木しかないような、平安時代から続く紫草の名産地でした。そのため江戸っ子はとりわけ紫にこだわりがあり、青みの強い江戸紫はその象徴的な色でした。

- 誕生した時代 ― 江戸時代
- 名前の由来 ―― 江戸っ子が好んだ紫
- 好んだ人物 ―― 江戸の町人、歌舞伎役者
- 顔料・染料 ―― 染料

色の配合　C 69 M 80 Y 45 K 0

紫へのロマンの強さを表す色

半色

はしたいろ

平安時代、濃い紫は最も身分の高い人々にしか着ることが許されていない禁色でした。それゆえ、はやったのが、濃い紫を半分にしたぐらいの半色です。濃淡の紫の中間色で、半端な色だったので誰でも着ることができました。少しでも憧れに近い色を着てみたいという、人々のロマンを感じさせる色です。

- 誕生した時代 ― 平安時代
- 名前の由来 ―― 半端な色
- 顔料・染料 ―― 染料
- 別名 ――――― 端色

色の配合　C 38 M 53 Y 22 K 0

宝暦元(1751)年創業、260年以上の伝統をもつ現存する日本最古の絵具商

上《うえ》羽《ば》絵《え》惣《そう》の歴史

宝暦元（1751）年、江戸中期にゑのぐや惣兵衛が、京都市下京区燈籠町に胡粉《ごふん》業として創業。以来、260年以上にわたり、京都で日本の伝統色を世に広める役割を担ってきました。今では、日本画用絵具専門店として白狐印の胡粉、泥絵具、棒絵具などを現在も扱う日本最古の絵具屋です。

「現在は、十代目です。我々の家系がずっとやらせてもらっています。始めた頃は、商人なので、苗字をもらえるような大きなお家ではありませんでした。四代目までは苗字がなく、五代目のときに上羽という苗字をいただいたんです」

と語るのは上羽絵惣、十代目である石田結実さん。

明治時代に入ると、日本画に最適な高級顔料に定着剤と天然高級デンプン質を加えて仕上げ、小さな角容器にいれた顔《がん》彩《さい》を考案。大正時代に入ると洛南に工場を設立し、日本画用・図案用・工芸用などさまざまな絵具を開発、製造していたそう。トレードマークとなる『白狐』のラベルが誕生したのもこの頃だとか。

「六代目・上羽庄太郎のときに江戸時代が終わり、明治維新による文明開化の時代に、『白狐』のラベルを胡粉につけた

▼左から、岩絵の具が固まった状態。色は紫苑。黄緑を干しているところ。不純物を取り除く作業。色は紅梅。上羽絵惣の看板商品である『白狐』の胡粉。

んですよ。日本画家とか胡粉を使われる方には、『白狐印の胡粉』といって愛用していただいています。『戦争の危機を乗り越えてきたのは、この胡粉があったからや』と、うちの父親が他界する前によく寝床で言ってました」

戦時中は、海外からの原料の輸入が途絶えるという厳しい状況下になりましたが、人工的につくった石によって人造岩絵具を完成させることで、危機を脱しました。昭和前期は、6、8、12の色数で展開していた商品に18色の顔彩が新たに追加されます。

しかしながら、西洋の文化が入ることで、合成の顔料などが使われるようになると、顔料の必要性がしだいになくなり、多くの絵具商が廃業に追い込まれていきました。創業した頃には、京都に20数件はあったという絵具商も、今や上羽絵惣のみになってしまいました。

さらにバブル以降、絵画市場の縮小とともに日本画を取り巻く環境はかつてないほど困難となり、描き手も減少。扱う和の色は約1200色、商品は700点以上に上る老舗が、存続まで危ぶまれる状況になりました。

▼松葉緑青の粉（写真上）。その原料になる孔雀石（写真下）。上羽絵惣の絵具（写真右）。

「はっきり言って、商品を使ってくださる方は本当にごくわずか。バブル期はまだよかったんですよ。絵画市場が今の10倍くらいありました。それがバブルと同時に弾けて、それからずっと低迷状態です。絵画に関しては上がる兆しが今は見えないです」

そんな状況の中、石田さんはまったく新しい試みをスタートさせます。

「私は色、日本の伝統色を伝えるためにここにいる。キャンバスに描いている方に届けるように、それ以外の方にもお届けすることはできないかなという思いで発案したのが、爪をキャンバスにしたマニキュアでした」

それが2010年に開発した、水溶性で臭いのしない胡粉ネイルでした。絵具の原材料となる天然素材の「胡粉」と色で「人に優しい」をコンセプトに開発された商品は、瞬く間に話題になり、お店は危機を脱しました。

「9色からデビューして、今はもう39色になります。このマニキュアって誰でもつくろうと思えばできると思います。ですが、京都の老舗である色のプロというところは、誰にも

▶上羽絵惣の胡粉ネイル。

マネできないと考えています。最後に残された絵具商として、辞めることで日本の一つの色を絶やしてしまうという責任を感じたときに、絶対にこの商売をつなげる、伝えなければならないと考えました。続けることが私たちの任務と感じています」

現存する日本最古の絵具商・上羽絵惣。これからも日本の伝統色を伝え、守り続けてくれることでしょう。

年　表

江戸時代
宝暦元(1751)年
初代ゑのぐや惣兵衛が、京都市下京区東洞院通松原上ル［燈籠町］において、上羽絵惣（胡粉業）を創業。

明治
鉄鉢の携帯用として顔彩を考案。

大正元(1912)年
六代目／京都洛南に工場設立。日本で使われていた多様な絵具を製造。『白狐』のトレードマーク誕生。

七代目／戦時中に海外からの原料の入荷途絶により、新主要原料を国産品で完成（人造岩絵具の創始）

昭和
九代目が新彩岩絵具を考案

平成元(1989)年
上羽絵具商会から上羽絵惣株式会社に社名変更。

平成22(2010)年
「人に優しい商品」をコンセプトに、刺激臭のない、除光液を使用しない「胡粉ネイル」販売開始。

平成22(2010)年 3月
第一回知恵ビジネスプランコンテスト認定。

平成24(2012)年
「京都しゃぼんや」とのコラボで、胡粉とオーガニック天然植物油を利用した「胡粉石鹸」販売開始。

平成26(2014)年
上羽絵惣沖縄店オープン。

平成27(2015)年 4月
「スキンケアの発想で、素の唇まで美しく」をコンセプトに、魅せて、ケアする「宝石リップ」を販売開始。

平成27(2015)年 9月
公益財団法人日本デザイン振興会が主催する「2015年度グッドデザイン賞」を受賞。

平成28(2016)年 7月
胡粉ネイルの夏限定色「あめちゃんシリーズ」を販売開始。

上羽絵惣

〒600-8401
京都市下京区東洞院通高辻下ル燈籠町579
TEL 075-351-0693　FAX 075-365-0613
✉ info@ueba.co.jp
営 9:00〜17:00　休 土曜・日曜・祝日
HP https://www.ueba.co.jp/
胡粉ネイルは全国のセレクトショップ等で販売されています。取り扱い店舗はHPをご覧ください。

通販サイト
HP https://www.gofun-nail.com/
TEL 0120-399520

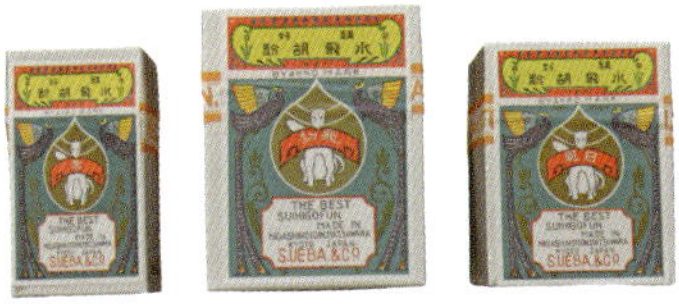

▲箱に入った胡粉。三つのサイズがあり、左から150グラム、500グラム、300グラム。

索引

【あ】

あい　藍……18
あいじろ　藍白……148
あおいみどり　葵緑……71
あおくさ　青草……154
あおくちうんも　青口雲母……167
あおくちば　青朽葉……75
あおくちわかば　青口若葉……154
あおたけいろ　青竹色……78
あおちゃろく　青茶緑……157
あおにび　青鈍……144
あおはいまつ　青灰末……146
あおむらさき　青紫……139
あかき　赤黄……130
あかきん　赤金……159
あかくちめのう　赤口瑪瑙……164
あかねいろ　茜色……12
あかむらさき　赤紫……139
あけぼのいろ　曙色……176
あさぎ　浅葱……97
あずきいろ　小豆色……91
あまいろ　亜麻色……80
あんとびいろ　暗鳶色……112

【い】

いちごみるく……62
いっこんぞめ　一斤染……177
いまよういろ　今様色……178
いわあか　岩赤……129
いわかば　岩樺……128
いわしろ　岩白……149
いわねずみ　岩鼠……161
いわびゃくぐん　岩白群……147
いわびゃくろく　岩白緑……147
いわふじ　岩藤……141
いわべに　岩紅……127
いわもも　岩桃……138

【う】

うこん　鬱金……85
うすべにいろ　薄紅色……137
うのはないろ　卯の花色……56
うめねずみ　梅鼠……142
うめむらさき　梅紫……95
うらはろくしょう　裏葉緑青……151
うんも　雲母……185

【え】

えどむらさき　江戸紫……197
えびいろ　葡萄色……95
えびちゃ　海老茶……114
えんじ　臙脂……179
えんたん　鉛丹……159

【お】

おいみどり　老緑……153
おうちいろ　楝色……48

おうごんいろ　黄金色……180
おうど　黄土……174
おそら……66
おみかん……168
おみなえし　女郎花……54

【か】

かきつばた　杜若……46
かすみいろ　霞色……187
かちいろ　搗色（褐色）……193
かなりあ　金糸雀……120
かめのぞき　瓶覗……188
かりやす　刈安……83
かれの　枯野……174
かんぞういろ　萱草色……51
かんざきなたね　寒咲菜種……98

【き】

ききょう　桔梗……47
きぐさ　黄草……156
きぐちきちゃろく　黄口黄茶緑……136
きくちば　黄朽葉……82
きちゃろく　黄茶緑……135
きびゃく　黄白……160
きへきぎょくまつ　黄碧玉末……158
きべに　黄紅……129
きょううど　京独活……99
きょうくれない　京紅……163
きょうひいろ　京緋色……170
きらもも　雲母桃……61
きららなでしこ　金雲母撫子……163
きろく　黄緑……131
きん　金……181
きんうんも　金雲母……166
きんおうど　金黄土……133
ぎんすすたけ　銀煤竹……90
きんちゃ　金茶……128
きんでいうんもあおくち　金泥雲母青口……156
きんでいうんもあかくち　金泥雲母赤口……132
きんときにんじん　金時人参……107
ぎん　銀……183
ぎんねず　銀鼠……160
きんもくせい　金木犀……52

【く】

くさ　草……73
くじゃくみどり　孔雀緑……123
くじょうねぎ　九条葱……108
くちなしいろ　梔子色……83
くりうめ　栗梅……88
くるみ　胡桃……89
くれない　紅……44
くろぐんじょう　黒群青……144
くろちゃ　黒茶……134
くろねず　黒鼠……124
ぐんじょう　群青……22
ぐんろく　群緑……146

【こ】

こいき　濃黄……131
こいくさ　濃草……152
こういろ　香色（丁字色）……93
こうばい　紅梅……38
こうばいびゃく　紅梅白……63
こうろぜん　黄櫨染……94
こおりいろ　氷色……186
こけいろ　苔色……71
こげちゃ　焦茶……136
こすもす　秋桜……41

こだいしゅ　古代朱……127
こだいたいしゃ　古代岱赭……164
こだいむらさき　古代紫……141
こびちゃ　媚茶……194
ごふん　胡粉……30
こんぺき　紺碧……191

【さ】

さくらいろ　桜色……39
さけいろ　鮭色……171
さとざくら　里桜……40
さびちゃ　錆茶……134
さやえんどう　莢豌豆……102
さわらび　早蕨……80
さんご　珊瑚……112

【し】

しおん　紫苑……49
しきんまつ　紫金末……143
しこんまつ　紫紺末……143
ししがたにかぼちゃ　鹿ケ谷南瓜……106
しそ　紫蘇……97
しっこく　漆黒……32
しゅ　朱……126
じゅんさい　蓴菜……102
しゅど　朱土……133
じゅんしきんまつ　純紫金末……158
しょうごいんだいこん　聖護院大根……108
しょうじょうひ　猩々緋……110
しょうぶ　菖蒲……46
しらちゃ　白茶……137
しろねず　白鼠……117
しんばしいろ　新橋色……190

【す】

すすたけちゃ　煤竹茶……90
ずいき　芋茎……100
すぐき　酸茎……106
すねずみ　素鼠……119
すみれ　菫……47

【せ】

せいじいろ　青磁色……196
せんこうしゅ　鮮紅朱……167
せんざいみどり　千歳緑（柊）……195

【そ】

ぞうげ　象牙……116
そうしょく　蒼色……151
そうろく　草緑……152
そがいろ　承和色……181
そらいろ　空色（天色）……189

【た】

たいしゃ　岱赭……172
だいだい　橙……88
だいだいき　橙黄……130
たちばな　橘（柑子）……86
たまごいろ　玉子色……182
たんばぐり　丹波栗……104
たまむしいろ　玉虫色……122
だんじゅうろうちゃ　團十郎茶……173

【ち】

ちょうしゅん　長春……40

【つ】

つくし　土筆……87
つつじ　躑躅……43

つばき　椿……43
つやべに　艶紅……166
つるばみいろ　橡色……92

【と】

とうおう　藤黄……81
とかげいろ　蜥蜴色……124
ときいろ　鴇色……111
ときなしだいこん　時無大根……101
ときわいろ　常磐色……78
とくさいろ　木賊色……70
とのこ　砥の粉……175
とび　鳶……113
どんぐり　団栗……89

【な】

なでしこ　撫子……42
なのはな　菜の花……55
なんどいろ　納戸色……192

【に】

にいろ　丹色……16
にびいろ　鈍色……184

【ね】

ねぎしいろ　根岸色……195
ねこやなぎ　猫柳……73

【の】

のうりょく　濃緑……153

【は】

はぎ　萩……44
はしたいろ　半色……197
はっきん　白金……183
はとばねずみ　鳩羽鼠……118
ばなな　バナナ……67

【ひ】

ひどういろ　緋銅色……67
ひまわり　向日葵……53
ひわいろ　鶸色……121
ひわもえぎ　鶸萌黄……155

【ふ】

ふじ　藤……28
ふじなんど　藤納戸……142
ふじばかま　藤袴……50
ふじむらさき　藤紫……140
ふじむらびゃく　藤紫白……65
ぶっそうげ　仏桑花……68

【へ】

べつじょうほんあい　別上本藍……145
べんがらいろ　弁柄色……171

【ほ】

ぼたん　牡丹……42
ほととぎす　杜鵑草（紅紫）……45
ほりかわごぼう　堀川牛蒡……107
ほんむらさき　本紫……162

【ま】

まつたけ　松茸……105
まつばびゃくろく　松葉白緑……150

【み】

みずあかね　水茜……165
みずいろ　水色……189
みずふじ　水藤……64

みずもも　水桃……64
みるいろ　海松色……72
みんとあいす　ミントアイス……66

【む】
むらさき　紫……26
むらさきしきぶ　紫式部……96

【め】
めのうまつ　瑪瑙末……185

【も】
もえぎ　萌黄……77
もぎなす　捥ぎ茄子……103
ももいろ　桃色……14
ももしんじゅ　桃真珠……62
ももはな　桃花……61
ももやまみょうが　桃山茗荷……99

【や】
やなぎ　柳……74
やはたごぼう　八幡牛蒡……103
やましななす　山科茄子……104
やまばといろ　山鳩色……121
やまぶき　山吹……24

【ゆ】
ゆきやなぎ　雪柳……55

【よ】
ようこういろ　陽光色……60
ようこう　洋紅（唐紅マゼンタ）……111
よもぎ　蓬……79

【ら】
らくだいろ　駱駝色……115

【り】
りきゅうしらちゃ　利休白茶……187
りんどう　竜胆……48

【れ】
れもん　檸檬……84
れんがいろ　煉瓦色……173

【ろ】
ろくしょう　緑青……20

【わ】
わかたけいろ　若竹色……79
わかなえ　若苗……77
わかば　若葉……76
わかむらさき　若紫……162

参考文献

『DIC 日本の伝統色 第8版』（DICグラフィックス）
『すぐわかる日本の伝統色』福田邦夫・著（東京美術）
『色の名前事典』福田邦夫・著（主婦の友社）
『決定版　色の名前 507』福田邦夫・著（主婦の友社）
『暮らしの中のある日本の伝統色』和の色を愛でる会・著（大和書房）
『新版　日本の伝統色 ―その色名と色調』長崎盛輝・著（青幻舎）
『京の色事典330』藤井健三・監修（平凡社）
『日本の伝統色を愉しむ ――季節の彩りを暮らしに――』
長澤陽子・監修／エヴァーソン朋子・絵（東邦出版）
『日本の伝統色』（ピエ・ブックス）
『日本の伝統色』（コロナ・ブックス）
『日本の伝統色　配色とかさねの事典』長崎巌・監修（ナツメ社）
『美しい日本の伝統色』森村宗冬・著（山川出版社）
『京の色百科』河出書房新社編集部・著（河出書房新社）
『色の名前』近江源太郎・監修／ネイチャープロ編集室・著（角川書店）
『歴史にみる「日本の色」』中江克己・著（PHP研究所）
『日本の色・世界の色』永田泰弘・監修(ナツメ社)
『和色の見本帳』ランディング・著（技術評論社）
『東洋絵具考』塩田力蔵・著（アトリエ社）
『茶の本』岡倉天心・著（講談社）
『古布に魅せられた暮らし 椿色の章』ナチュラルライフ編集部・編（学研プラス）
『定本 和の色事典』内田広由紀・著（視覚デザイン研究所）
『精選版　日本国語大辞典』（小学館）
『広辞苑 第六版』（岩波書店）
『明鏡国語辞典 第二版』（大修館書店）
『ブリタニカ国際大百科事典』（ブリタニカ・ジャパン）

【写　真】
PIXTA
P16：Photolucacs/Shutterstock.com
P22：Michaella Hughes/Shutterstock.com
P25：Subbotina Anna/Shutterstock.com
P79：Studio 400/Shutterstock.com
P115：Anastasiia Fedorova/Shutterstock.com
P155：wdeon/Shutterstock.com

監修／石田結実（上羽絵惣）

宝暦元（1751）年に京都市下京区燈籠町（東洞院通松原上ル）で創業し、260年の歴史を持つ日本最古の顔料屋、絵具屋である上羽絵惣の十代目。近年は新しい試みとして、独自の製法を活かしたマニキュアなどが女性の間で人気を集める。それらを通じて日本の伝統色、和の色を幅広い世代に伝えている。

編　集　藤本晃一（開発社）、石川名月（リードミーエディトリアルオフィス）、
執　筆　鈴木翔、山下達広（開発社）、早川すみか、清家茂樹
デザイン　杉本龍一郎（開発社）、太田俊宏（開発社）、酒井俊一、加藤寛之
写　真　河合秀直（P.198-P.201）
カバーイラスト　内藤麻美子（色彩作家）、さとうひろみ
本文イラスト　さとうひろみ、仲安貴史
校　正　柳元順子
企　画　植木優帆（マイナビ出版）

伝統色で楽しむ日本のくらし
～京都老舗絵具店・上羽絵惣の色名帖～

2017年5月30日　初版第1刷発行

監　修　石田結実（上羽絵惣）
発行者　滝口直樹
発行所　株式会社マイナビ出版
〒101-0003 東京都千代田区一ツ橋2-6-3 一ツ橋ビル2F
TEL：0480-38-6872（注文専用ダイヤル）
TEL：03-3556-2731（販売部）
TEL：03-3556-2736（編集部）
E-mail：pc-books@mynavi.jp
URL：http://book.mynavi.jp

印刷・製本　株式会社ルナテック

ISBN978-4-8399-5893-0 C2077
Printed in Japan